A

O Tannenbaum

Gedichte und Geschichten
vom ewigen Grün

Ausgewählt von
Aleksia Sidney

Atlantik

Atlantik Bücher erscheinen im
Hoffmann und Campe Verlag, Hamburg.

1. Auflage 2015

www.hoca.de www.atlantik-verlag.de
Einbandgestaltung: Katja Maasböl, Hamburg,
maasboelbuch.de
Satz: Pinkuin Satz und Datentechnik, Berlin
Gesetzt aus der ITC Legacy
Druck und Bindung: CPI books GmbH, Leck
Printed in Germany
ISBN 978-3-455-37025-6

HOFFMANN
UND CAMPE

Ein Unternehmen der
GANSKE VERLAGSGRUPPE

Inhalt

Robert Gernhardt

Rätsel

Da ist ein Baum,
ist immer grün,
wächst nicht in der Savanne.
Wächst da, wo Deutschlands Blumen blühn,
und winters auf ihm Kerzen glühn –
wie heißt der Baum?«

»Marianne?«

Rainer Maria Rilke

Advent

Es treibt der Wind im Winterwalde
die Flockenherde wie ein Hirt,
und manche Tanne ahnt, wie balde
sie fromm und lichterheilig wird;
und lauscht hinaus. Den weißen Wegen
streckt sie die Zweige hin – bereit,
und wehrt dem Wind und wächst entgegen
der einen Nacht der Herrlichkeit.

Hermann Löns

Der allererste Weihnachtsbaum

Der
Weihnachtsmann
ging mit
sehr brummigem Gesicht
durch den Wald.
Er war ärgerlich. Sein weißer
Spitz, der sonst immer lustig bellend
vor ihm lief, merkte das und schlich hinter
seinem Herrn mit eingezogener Rute
her. Der Weihnachtsmann
hatte wohl recht, brummig und
unzufrieden zu sein. Er ist ein guter alter
Mann mit freundlichen Augen und
dem besten Herzen von
der Welt. Er wird nur traurig, wenn
er Böses und Hässliches erlebt, aber brummig
wird er dann nicht. Das wird er nur,
wenn er
mit sich
selbst unzufrieden ist. Das war er heute. Er hielt den

Kopf tief, sodass der Schirm seines altmodischen Wolkenschiebers fast sein ganzes Gesicht verdeckte, knurrte und brummte allerlei Unverständliches durch seinen langen weißen Bart und rauchte, dass es aussah, als wenn ein kleiner Bauer backt.

Er hatte einen weiten Weg hinter sich. Er war von Nürnberg gekommen, wo er Weihnachtsspielzeug geholt hatte, war dann in Hildesheim gewesen, um Pumpernickel zu holen, und in Thüringen, von wo er immer die Puppen bezieht, Jahr für Jahr. Die Tage vorher hatte er Äpfel und Nüsse bestellt im Solling und in der Heide.

Er hatte alles bekommen, was er haben wollte. Das Spielzeug war genauso gut wie früher, ja noch schöner; die Äpfel und Nüsse waren gut geraten und trotzdem war der Alte brummig.

Er hatte nämlich nicht mehr die rechte Freude an seiner Tätigkeit. Es war alle Jahre dasselbe. Es war kein Schwung in der Sache. Spielzeug und Esswaren, das war auf die Dauer nichts. Die Kinder freuten sich wohl darüber, aber quieken sollten sie und jubeln und singen, so wollte er es; das taten sie aber nur selten.

Den ganzen Dezembermonat hatte der Weihnachtsmann schon darüber nachgegrübelt, was er wohl Neues erfinden könne, um einmal wieder eine rechte Weihnachtsfreude in die Kinderwelt zu bringen, eine Weihnachtsfreude, an der auch die Großen teilnehmen würden. Kostbarkeiten durften es auch nicht sein, denn er hatte so und so viel auszugeben und nicht mehr.

So stampfte er denn auch durch den verschneiten Wald, bis er auf dem Kreuzweg war, dort wollte er das Christkindchen treffen. Mit dem beriet er sich nämlich immer über die Verteilung der Gaben.

Schon von weitem sah er, dass das Christkindchen da war, denn ein heller Schein war dort. Das Christkindchen hatte ein langes weißes Pelzkleidchen an und lachte über das ganze Gesicht. Denn um es herum lagen große Bündel Kleeheu und Bohnenstiegen und Espen- und Weidenzweige, und daran taten sich die hungrigen Hirsche und Rehe und Hasen gütlich. Sogar für die Sauen gab es etwas, Kastanien, Eicheln und Rüben.

Der Weihnachtsmann nahm seinen Wolkenschieber ab und bot dem Christkindchen die Tageszeit. »Na, Alterchen, wie geht's?«, fragte das Christkind, »hast wohl schlechte Laune?« Damit hakte es den Alten unter und ging mit ihm. Hinter ihnen trabte der kleine Spitz, aber er sah nicht mehr betrübt aus und hielt seinen Schwanz kühn in die Luft.

»Ja«, sagte der Weihnachtsmann, »die ganze Sache macht mir so recht keinen Spaß mehr. Liegt es am Alter oder an sonst was, ich weiß nicht, ich hab kein Fiduz mehr daran. Das mit den Pfefferkuchen und Äpfeln und Nüssen, das ist nichts mehr. Das essen sie auf, und dann ist das Fest vorbei. Man müsste etwas Neues erfinden, etwas, das nicht zum Essen und nicht zum Spielen ist, aber wobei alt und jung singt und lacht und fröhlich wird.«

Das Christkindchen nickte und machte ein nachdenkliches Gesicht; dann sagte es: »Da hast du recht, Alter, mir ist das auch schon aufgefallen. Ich habe daran auch schon gedacht, aber das ist nicht so leicht.«

»Das ist es ja gerade«, knurrte der Weihnachtsmann, »ich bin zu alt und zu dumm dazu. Ich habe schon richtiges Kopfweh von all dem Nachdenken, und es fällt mir doch nichts Vernünftiges ein. Wenn es so weitergeht, schläft allmählich die ganze Sache ein, und es wird ein Fest wie alle anderen, von dem die Menschen dann weiter nichts haben als Faulenzen, Essen und Trinken.«

Nachdenklich gingen beide durch den weißen Winterwald, der Weihnachtsmann mit brummigem, das Christkindchen mit nachdenklichem Gesichte. Es war so still im Walde, kein Zweig rührte sich, nur, wenn die Eule sich auf einen Ast setzte, fiel ein Stückchen Schneebehang mit halblautem Ton herab. So kamen die beiden, den Spitz hinter sich, aus dem hohen Holze auf einen Kahlschlag, auf dem große und kleine Tannen standen. Das sah nun wunderschön aus. Der Mond schien hell und klar, alle Sterne leuchteten, der Schnee sah aus wie Silber, und die Tannen standen darin, schwarz und weiß, dass es eine Pracht war. Eine fünf Fuß hohe Tanne, die allein im Vordergrunde stand, sah besonders reizend aus. Sie war regelmäßig gewachsen, hatte auf jedem Zweig einen Schneestreifen, an den Zweigspitzen kleine Eiszapfen und glitzerte und flimmerte nur so im Mondenschein.

Das Christkindchen ließ den Arm des Weihnachtsmanns los, stieß den Alten an, zeigte auf die Tanne und sagte: »Ist das nicht wunderhübsch?«

»Ja«, sagte der Alte, »aber was hilft mir das?«

»Gib ein paar Äpfel her«, sagte das Christkindchen, »ich habe einen Gedanken.«

Der Weihnachtsmann machte ein dummes Gesicht, denn er konnte sich nicht recht vorstellen, dass das Christkind bei der Kälte Appetit auf die eiskalten Äpfel hatte. Er hatte zwar noch einen guten alten Schnaps in seinem Dachsholster, aber den mochte er dem Christkindchen nicht anbieten.

Er machte sein Tragband ab, stellte seine riesige Kiepe in den Schnee, kramte darin herum und langte ein paar recht schöne Äpfel heraus. Dann fasste er in die Tasche, holte sein Messer heraus, wetzte es an einem Buchenstamm und reichte es dem Christkindchen.

»Sieh, wie schlau du bist«, sagte das Christkindchen. »Nun schneid mal etwas Bindfaden in zweifingerlange Stücke, und mach mir kleine spitze Pflöckchen.«

Dem Alten kam das alles etwas ulkig vor, aber er sagte nichts und tat, was das Christkind ihm sagte. Als er die Bindfadenenden und die Pflöckchen fertig hatte, nahm das Christkind einen Apfel, steckte ein Pflöckchen hinein, band den Faden daran und hängte den an einen Ast.

»So«, sagte es dann, »nun müssen auch die anderen welche haben, und dabei kannst du helfen, aber vorsichtig, dass kein Schnee abfällt.«

Der Alte half, obgleich er nicht wusste, warum. Aber es machte ihm schließlich Spaß, und als die ganze kleine Tanne voll von rotbäckigen Äpfeln hing, da trat er fünf Schritte zurück, lachte und sagte: »Kiek, wie niedlich das aussieht! Aber was hat das alles für'n Zweck?«

»Braucht denn alles gleich einen Zweck zu haben?«, lachte das Christkind. »Pass auf, das wird noch schöner. Nun gib mal Nüsse her!«

Der Alte krabbelte aus seiner Kiepe Walnüsse heraus und gab sie dem Christkindchen. Das steckte in jedes ein Hölzchen, machte einen Faden daran, rieb immer eine Nuss an der goldenen Oberseite seiner Flügel, und dann war die Nuss golden, und die nächste an der silbernen Unterseite seiner Flügel, und dann hatte es eine silberne Nuss und hängte die zwischen die Äpfel.

»Was sagst' nun, Alterchen?«, fragte es dann, »ist das nicht allerliebst?«

»Ja«, sagte der, »aber ich weiß immer noch nicht ...«

»Kommt schon!«, lachte das Christkindchen. »Hast du Lichter?«

»Lichter nicht«, meinte der Weihnachtsmann, »aber 'n Wachsstock!«

»Das ist fein«, sagte das Christkind, nahm den Wachsstock, zerschnitt ihn und drehte erst ein Stück um den Mitteltrieb des Bäumchens und die anderen Stücke um die Zweigenden, bog sie hübsch gerade und sagte dann: »Feuerzeug hast du doch?«

»Gewiss«, sagte der Alte, holte Stein, Stahl und Schwammdose heraus, pinkte Feuer aus dem Stein, ließ den Zunder in der Schwammdose zum Glimmen kommen und steckte daran ein paar Schwefelspäne an. Die gab er dem Christkindchen. Das nahm einen hellbrennenden Schwefelspan und steckte damit das oberste Licht an, dann das nächste davon rechts, dann das gegenüberliegende, und rund um das Bäumchen gehend, brachte es so ein Licht nach dem anderen zum Brennen.

Da stand nun das Bäumchen im Schnee; aus seinem halbverschneiten dunklen Gezweig sahen die roten Backen der Äpfel, die Gold- und Silbernüsse blitzten und funkelten, und die gelben Wachskerzen brannten feierlich. Das Christkindchen lachte über das ganze rosige Gesicht und patschte in die Hände, der alte Weihnachtsmann sah gar nicht mehr so brummig aus, und der kleine weiße Spitz sprang hin und her und bellte.

Als die Lichter ein wenig heruntergebrannt waren, wehte das Christkindchen mit seinen goldsilbernen Flügeln, und da gingen die Lichter aus. Es sagte dem Weihnachtsmann, er solle das Bäumchen vorsichtig absägen. Das tat der, und dann gingen beide den Berg hinab und nahmen das bunte Bäumchen mit.

Als sie in den Ort kamen, schlief schon alles. Beim kleinsten Hause machten die beiden halt. Das Christkind machte leise die Tür auf und trat ein; der Weihnachtsmann ging hinterher. In der Stube stand ein dreibeiniger Schemel mit einer durchlochten Platte, den stellten sie auf den Tisch und steckten das Bäumchen hinein. Der Weihnachtsmann legte dann noch allerlei schöne Dinge, Spielzeug, Kuchen, Äpfel und Nüsse unter den Baum, und dann verließen beide das Haus ebenso leise, wie sie es betreten hatten.

Als der Mann, dem das Häuschen gehörte, am anderen Morgen erwachte und den bunten Baum sah, da staunte er und wusste nicht, was er dazu sagen sollte. Als er aber an dem Türpfosten, den des Christkinds Flügel gestreift hatte, Gold- und Silberflimmer hängen sah, da wusste er Bescheid. Er steckte die Lichter an dem Bäumchen an und weckte Frau und Kinder.

Das war eine Freude in dem kleinen Hause, wie an keinem Weihnachtstage. Keines von den Kindern sah nach dem Spielzeug und nach dem Kuchen und den Äpfeln, sie sahen alle nur nach dem Lichterbaum. Sie fassten sich an die Hände, tanzten um den Baum und sangen alle Weihnachtslieder, die sie wussten, und selbst das Kleinste, was noch auf dem Arm getragen wurde, krähte, was es krähen konnte.

Vor dem Fenster aber standen das Christkindchen und der Weihnachtsmann und sahen lächelnd zu.

Als es helllichter Tag geworden war, da kamen die Freunde und Verwandten des Bergmanns, sahen sich das Bäumchen an, freuten sich darüber und gingen gleich in den Wald, um sich für ihre Kinder auch ein Weihnachtsbäumchen zu holen. Die anderen Leute, die das sahen, machten es alle nach, jeder holte sich einen Tannenbaum und putzte ihn an, der eine so, der andere so, aber Lichter, Äpfel und Nüsse hängten sie alle daran.

Als es dann Abend wurde, brannte im ganzen Dorf Haus bei Haus ein Weihnachtsbaum, überall hörte man Weihnachtslieder und das Jubeln und Lachen der Kinder.

Von da aus ist der Weihnachtsmann über ganz Deutschland gewandert und von da über die ganze Erde. Weil aber der erste Weihnachtsbaum am Morgen brannte, so wird in manchen Gegenden den Kindern morgens beschert.

Lars Gustafsson

Besuch des Weihnachtsbaums

Besser als ein Haus im Wald
ist ein sehr kleiner Wald im Haus.

Ein kurzer Besuch mit tödlichem Ausgang.
Vorsichtig. Kein Zweig

darf unter dem Fuß brechen.

Nicht ein Vogel zu hören. Und das Glück?

Eine zurückgelassene
Kugel aus tiefblauem Glas
gefunden unter dem untersten Zweig.

Walter Benjamin

Ein Weihnachtsengel

Mit den Tannenbäumen begann es. Eines Morgens, als wir zur Schule gingen, hafteten an den Straßenecken die grünen Siegel, die die Stadt wie ein großes Weihnachtspaket an hundert Ecken und Kanten zu sichern schienen. Dann barst sie eines schönen Tages dennoch, und Spielzeug, Nüsse, Stroh und Baumschmuck quollen aus ihrem Innern: der Weihnachtsmarkt. Mit ihnen aber quoll noch etwas anderes hervor: die Armut. Wie nämlich Apfel und Nüsse mit ein wenig Schaumgold neben dem Marzipan sich auf dem Weihnachtsteller zeigen durften, so auch die armen Leute mit Lametta und bunten Kerzen in den besseren Vierteln. Die Reichen aber schickten ihre Kinder vor, um denen der Armen wollene Schäfchen abzukaufen oder Almosen auszuteilen, die sie selbst vor Scham nicht über ihre Hände brachten. Inzwischen stand bereits auf der Veranda der Baum, den meine Mutter insgeheim gekauft und über die Hintertreppe in die Wohnung hatte bringen lassen. Und wunderbarer als alles, was das Kerzenlicht ihm gab, war, wie das nahe Fest in seine Zweige mit jedem Tage dichter sich verspann. In den Höfen begannen die Leierkasten die letzte Frist mit Chorälen zu dehnen. Endlich war sie dennoch verstrichen und einer jener Tage wieder da, an deren frühesten ich mich hier erinnere.

In meinem Zimmer wartete ich, bis es sechs werden wollte. Kein Fest des späteren Lebens kennt diese Stunde, die wie ein Pfeil im Herzen des Tages zittert. Es war schon dunkel; trotzdem entzündete ich nicht die Lampe, um den Blick nicht von den Fenstern überm Hof zu wenden, hinter denen nun die ersten Kerzen zu sehen waren. Es war von allen Augenblicken, die das Dasein des Weihnachtsbaumes hat, der bänglichste, in dem er Nadeln und Geäst dem Dunkel opfert, um nichts zu sein als nur ein unnahbares und doch nahes Sternbild im trüben Fenster einer Hinterwohnung. Doch wie ein solches Sternbild hin und wieder eins der verlassenen Fenster begnadete, indessen viele weiter dunkel blieben und andere noch trauriger im Gaslicht der früheren Abende verkümmerten, schien mir, dass diese weihnachtlichen Fenster die Einsamkeit, das Alter und das Darben – all das, wovon die armen Leute schweigen – in sich fassten.

Dann fiel mir wieder die Bescherung ein, die meine Eltern eben rüsteten. Kaum aber hatte ich so schweren Herzens, wie nur die Nähe eines sichern Glücks es macht, mich von dem Fenster abgewandt, so spürte ich eine fremde Gegenwart im Raum. Es war nichts als ein Wind, sodass die Worte, die sich auf meinen Lippen bildeten, wie Falten waren, die ein träges Segel plötzlich vor einer frischen Brise wirft: »Alle Jahre wieder, kommt das Christuskind, auf die Erde nieder, wo wir Menschen sind« – mit diesen Worten hatte sich der Engel, der in ihnen begonnen hatte, sich zu bilden, auch verflüchtigt. Doch nicht mehr lange blieb ich im leeren Zimmer. Man rief mich in das gegenüberliegende, in dem der Baum nun in die Glorie eingegangen war, welche ihn mir entfremdete, bis er, des Untersatzes beraubt, im Schnee verschüttet oder im Regen glänzend, das Fest da endete, wo es ein Leierkasten begonnen hatte.

August Heinrich Hoffmann
von Fallersleben

Der Weihnachtsbaum

Von allen den Bäumen jung und alt,
Von allen den Bäumen groß und klein,
Von allen in unserm ganzen Wald,
Wer mag doch der allerschönste sein?

Der schönste von allen weit und breit,
Das ist doch allein, wer zweifelt dran?
Der Baum, der da grünet allezeit,
Den heute mir bringt der Weihnachtsmann.

Wenn alles schon schläft in stiller Nacht,
Dann holet er ihn bei Sternenschein
Und schlüpfet, eh' einer sich's gedacht,
Gar heimlich damit ins Haus hinein.

Dann schmückt er mit Lichtern jeden Zweig,
hängt Kuchen und Nüss' und Äpfel dran:
So macht er uns alle freudenreich,
Der liebe, der gute Weihnachtsmann.

Heinrich Seidel

Der Weihnachtsbaum

Schön ist im Frühling die blühende Linde,
Bienendurchsummt und rauschend im Winde,
Hold von lieblichen Düften umweht ...
Schön ist im Sommer die ragende Eiche,
Die riesenhafte, titanengleiche,
Die da in Wettern und Stürmen besteht.
Schön ist im Herbste des Apfelbaums Krone,
Die sich dem fleißigen Pfleger zum Lohne
Beugt von goldener Früchte Pracht.
Aber noch schöner weiß ich ein Bäumchen,
Das gar so lieblich ins ärmlichste Räumchen
Strahlt in der eisigen Winternacht.

Keiner kann mir ein schöneres zeigen.
Lichter blinken in seinen Zweigen,
Goldene Äpfel in seinem Geäst,
Und mit schimmernden Sternen und Kränzen
Sieht man ihn leuchten, sieht man ihn glänzen
Anmutsvoll zum lieblichsten Fest.
Von seinen Zweigen ein träumerisch Düften

Weihrauchwolkig weht in den Lüften,
Füllet mit süßer Ahnung den Raum!
Dieser will uns am besten gefallen,
Ihn verehren wir jauchzend vor allen,
Ihn, den herrlichen Weihnachtsbaum.

Peter Rosegger

Der erste Christbaum in der Waldheimat

Es waren die ersten Weihnachtsferien meiner Studentenzeit. Wochenlang hatte ich schon die Tage, endlich die Stunden gezählt bis zum Morgen der Heimfahrt von Graz ins Alpel. Und als der Tag kam, da stürmte und stöberte es, dass mein Eisenbahnzug stecken blieb. Da stieg ich aus und ging zu Fuß, frisch und lustig, sechs Stunden lang durch das Tal, wo der Frost mir Nase und Ohren abschnitt, dass ich sie gar nicht mehr spürte. Durch den Bergwald hinauf, wo mir so warm wurde, dass die Ohren auf einmal wieder da waren und heißer als je im Sommer. Der Nase vergaß ich, doch stak sie sicher fest im Gesicht, wo sie heute noch steckt. Auch mein Bündel Bücher schleppte ich, denn die Professoren waren so grausam gewesen, mir Hausaufgaben zu geben, besonders in der Mathematik und Grammatik, die ich heute noch hassen könnt bis aufs Blut, wenn es nicht gar so blutlose Wissenschaften wären.

So kam ich, als es schon dämmerte, glücklich hinauf, wo das alte Haus, schimmernd durch Gestöber und Nebel, wie ein verschwommener Fleck stand, einsam inmitten der Schneewüste. Als ich eintrat, wie war die Stube so klein und niedrig und dunkel und warm – urheimlich. In den Stadthäusern verliert man ja allen Maßstab für ein Waldbauernhaus. Aber man findet sich gleich hinein, wenn die Mutter den Ankömmling ohne alle Umständ so grüßt: »Na, weil-s-d' nur da bist!«

Auf dem offenen Steinherd waberte das Feuer, in der guten Stube wurde eine Kerze angezündet.

»Mutter, nit!«, wehrte ich ab. »Tut lieber das Spanlicht anzünden, das ist schöner.«

Sie tat's aber nicht. Das Kienspanlicht ist für die Werktage. Weil nach langer Abwesenheit der Sohn heimkam, war für die Mutter Feiertag geworden. Darum die festliche Kerze.

Und für mich erst recht Feiertag!

In der dem Christfest vorhergehenden Nacht schlief ich wenig – etwas Seltenes in jenen Jahren. Die Mutter hatte mir auf dem Herde ein Bett gemacht mit der Weisung, die Beine nicht zu weit auszustrecken, sonst kämen sie in die Feuergrube, wo die Kohlen glosten. Die glosenden Kohlen waren gemütlich, das knisterte in der stillfinsteren Nacht so hübsch und warf manchmal einen leichten Glutschein an die Wand, wo in einem Gestell die buntbemalten Schüsseln lehnten. Aber die Schwabenkäfer, die nächtig aus den Mauerlöchern hervorgekrochen und zur Zeit einmal Ausflüge über die Glieder und das Gesicht eines Studenten machten –! Indes wird ein gesunder Junge auch die Schwabenkäfer gewohnt. Aber sie nicht ihn. –

Da war's ein anderes Anliegen, über das er noch obendrein schlüssig werden musste in dieser Nacht, ehe die Mutter an den Herd trat, um die Morgensuppe zu kochen. Ich hatte viel sprechen gehört davon, wie man in den Städten Weihnacht feiert. Da sollen sie ein Fichtenbäumchen, ein wirklich kleines Bäumlein aus dem Wald, auf den Tisch stellen, an seinen Zweigen Kerzlein befestigen, sie anzünden, darunter sogar Geschenke für die Kinder hinlegen und sagen, das Christkind hätte es gebracht. Auch abgebildet hatte ich solche Christbäume schon gesehen. Und nun hatte ich vor, meinem kleinen Bruder, dem Nickerl, einen Christbaum zu errichten. Aber alles im Geheimen, das gehörte dazu. Nachdem es so weit taglicht geworden war, ging ich in den frostigen Nebel hinaus. Und just dieser Nebel schützte mich vor den Blicken der ums Haus herum arbeitenden Leute, als ich vom Walde her mit einem Fichtenwipfelchen gegen die Wagenhütte lief, dort das Bäumchen in ein Scheit bohrte und unter dem Karren- und Räderwerk versteckte. Dann ging ich nach Sankt Kathrein zum Krämer, um Äpfel zu kaufen. Der hatte aber keine, sie waren im selben Jahr zu Pöllau und Hartberg nicht geraten, und so war kein Obstträger in die Gebirgsgegend gekommen.

Nun fragte ich den Krämer, ob er vielleicht Nüsse habe.

»Nüsse!«, sagte er. »Zum Anschauen oder zum Aufschlagen? Ich habe ihrer noch ein Sackl, vom vorigen Jahr her. Aber die sind nur zum Anschauen. Schlagst sie auf, so hast einen schwarzen oder verdorrten Kern, der nit zum Essen ist.«

Die Nüsse ließ ich ihm. Das wollte ich dem Brüderl nicht antun: eine schöne Schale und kein Kern. Solche Sachen darf man ihm nicht angewöhnen.

Was sollte ich nun kaufen. Er hatte ja allerhand schöne Sachen, der Krämer. Rote Sacktücheln, Hosenträger, Handspiegel, Tabakspfeifen, sogar Maulwetzen. Doch abgesehen davon, dass der angehende Pädagoge manches nicht passend fand, hatte ich mit meinem Geldvorrat zu rechnen, der mich ja auch wieder nach Graz bringen sollte.

»So wär ich halt umsonst gegangen«, sagte ich.

Darauf der Krämer: »Damit du nit umsonst gegangen bist – wenn man doch du sagen darf zum Herrn Studenten –, so trink da ein Stamperl Roten.«

Damit goss er mir aus der Flasche roten Schnaps in ein Gläschen.

Als ich den getrunken hatte, war mir der Mut gestiegen und die Geldsorge gesunken. Aber nicht beim Krämer wurde eingekauft, daraufhin war der Rote auch nicht gespendet vom alten braven Haselbauer (auch Haselgraber geheißen). Ich ging über das Brückerl zum Bäcker und kaufte einen Vierkreuzerwecken, den ich in die Brusttasche steckte, sodass der Fuhrmann Blasel, der mir nachher begegnete, lachend auf mich herrief: »Nau, der Waldbauernpeter hat ja eine Hühnerbrust bekemma!«, denn die Vierkreuzerwecken in Sankt Kathrein waren damals nicht danach, dass sie unter dem zugeknöpften Rock unbeachtet bleiben konnten.

Ich kam nach Hause, und nun war für den Christbaum alles beisammen. Aber kaum mir darob behaglich ward, fiel mir ein, dass gerade noch etwas Wichtiges fehlte: die Kerzen. Ich hatte die kleinen Wachskerzen vergessen; wo nehme ich sie her?

Ich nahm sie einfach her.

In einem Bauernhaus ist für alles Rat, nur gehört zur Herbeischaffung manchmal eine Notlüge. Sie ist nicht schwer zu machen. Zur Mutter ging ich und bat, ob sie mir nicht ihren roten Mariazellerwachsstock leihen wollte. Sie fragte, wozu? Na, dann tat ich's halt. Ich ginge in der Nacht zur Christmette, wo in der Kirche alle Leute ihre Lichter hätten, so möchte ich auch eins haben. Sie langte nur in ihren Gewandkasten, da hatte ich den Wachsstock.

Dann ward es Abend. Die Gesindeleute waren noch in den Ställen beschäftigt oder in den Kammern, wo sie sich nach der Sitte des Heiligen Abends die Köpfe wuschen und ihr Festgewand herrichteten. Die Mutter in der Küche buk die Christtagskrapfen, und der Vater mit dem kleinen Nickerl ging durch den Hof, um ihn zu beräuchern und dabei schweigend zu beten. Das schweigende Beten, sagte meine Mutter gern, sei wirksamer als das laute.

Wenige Jahre vorher hatte ich dem Vater bei diesem priesterlichen Amt noch geholfen, nun tat es schon das Brüderl, und gewiss auch mit jener ehrfürchtigen Andacht, die den Geheimnissen dieser Nacht gebührt.

Dieweilen also die Leute draußen zu tun hatten, bereitete ich in der großen Stube den Christbaum. Das Bäumchen, das im Scheite stak, stellte ich auf den Tisch. Dann schnitt ich vom Wachsstock zehn oder zwölf Kerzchen und klebte sie an die Ästlein. Das plagte ein wenig, denn etliche wollten nicht kleben und fielen herab. Ich hätte sehr gern Geduld gehabt, um alles ordentlich zu machen, aber jeden Augenblick konnte die Tür aufgehen und vorzeitig wer hereinkommen. Gerade diese zitternde Hast, mit der sie behandelt wurden, benützten die Kerzchen, um mich ein wenig zu necken. Endlich aber wurden sie fromm, wie es sich für Christbaumkerzen geziemt, und hielten fest. Es war gut. Unterhalb, am Fuße des Bäumchens, legte ich den Wecken hin.

Da hörte ich über der Stube auf dem Dachboden auch schon Tritte – langsame und trippelnde. Sie waren schon da und segneten den Bodenraum. Bald würden sie in der Stube sein, mit der wir den Rauchgang zu beschließen pflegten. Ich zündete die Kerzen an und versteckte mich hinter den Ofen. Noch war es still. Ich betrachtete vom Versteck aus das lichte Wunder, wie in dieser Stube nie ein ähnliches gesehen worden. Die Lichtlein auf dem Baum brannten so still und feierlich – als schwiegen sie mir himmlische Geheimnisse zu. Aber da fiel es mir ein – wenn sie niederbrannten, bevor die Leute kommen! Wie konnte ich's denn hindern? Wie sollte ich sie denn zusammenrufen? Da konnte ja alles ganz dumm misslingen! Es ist gar nicht so leicht, Christkindel zu sein, als man glaubt.

Endlich hörte ich an der Schwelle des Vaters Schuhklöckeln – man wusste schon immer, wenn es klöckelte, dass es der Vater war. Die Tür ging auf, sie traten herein mit ihren Weihgefäßen und standen still.

»Was ist denn das?!«, sagte der Vater mit leiser

langgezogener Stimme. Der Kleine starrte sprachlos drein. In seinen großen, runden Augen spiegelten sich wie Sterne die Christbaumlichter. – Der Vater schritt langsam zur Küchentür und flüsterte hinaus: »Mutter! – Mutter! Komm ein wenig herein.« Und als sie da war: »Mutter, hast du das gemacht?«

»Maria und Josef!«, hauchte die Mutter. »Was lauter haben s' denn da auf den Tisch getan?« Bald kamen auch die Knechte und Mägde herbei, hell erschrocken über die seltsame Erscheinung. Da vermutete einer, ein Junge, der aus dem Tal war: Es könnt ein Christbaum sein. Sollte es denn wirklich wahr sein, dass Engel solche Bäumlein vom Himmel bringen? – Sie schauten und staunten. Und aus des Vaters Gefäß qualmte der Weihrauch und erfüllte schon die ganze Stube, sodass es war wie ein zarter Schleier, der sich über das kerzenbrennende Bäumchen legte.

Die Mutter suchte mit den Augen in der Stube herum: »Wo ist denn der Peter?«

»Ah«, sagte der Vater, »jetzt schon, jetzt rait ich mir's schon, wer das getan hat.«

Da erachtete ich es an der Zeit, aus dem Ofenwinkel hervorzutreten. Den kleinen Nickerl, der immer noch sprachlos und unbeweglich war, nahm ich an den kühlen Händchen und führte ihn vor den Tisch. Fast sträubte er sich. Aber ich sagte – selber tief feierlich gestimmt – zu ihm: »Tue dich nicht fürchten, Brüderl! Schau, das lieb' Christkindl hat dir einen Christbaum gebracht. Der ist dein.«

Und da hub der Kleine an zu wiehern vor Freude und Rührung, und die Hände hielt er gefaltet wie in der Kirche.

Öfter als vierzigmal seither habe ich den Christbaum erlebt, mit mächtigem Glanz, mit reichen Gaben und freudigem Jubel unter Großen und Kleinen. Aber größere Christbaum-Freude, ja eine so heilige Freude habe ich noch nicht gesehen als jene meines kleinen Bruders Nickerl – dem es so plötzlich und wundersam vor Augen trat – ein Zeichen dessen, der da vom Himmel kam.

Solange die Lichter brannten, war es wie ein Gottesdienst, während der Mutter auf dem Herde richtig ein paar Krapfen verschmorten. Erst als sie verloschen, eins ums andere, bis auch das letzte mit ein paar knisternden Flackern dahin war, huben die Leute an zu reden, und einer brachte, weil es finster geworden war, von der Küche ein rötliches Spanlicht herein.

»Was denn da drunter liegt!«, sagte der Vater und zeigte auf den Wecken. »Nickerl mich deucht, das gehört auch dein.«

Der schöne bräunliche Wecken, mit Weinberln gespickt – weil es Weihnachtsgebäck war – wurde dem Kleinen in die Hand gegeben. Er hielt ihn ganz hilflos vor sich. Die Freude wurde nicht größer, weil sie nicht mehr größer werden konnte. Der Christbaum allein hatte sein ganzes Herzlein ausgefüllt, so, wie er auch unsere Kinder ausfüllen würde, wenn der himmlische Lichterbusch nicht so sehr mit irdischem Tand verweltlicht wäre.

Friedrich Wilhelm Weber

Christbaum

Der Winter ist ein karger Mann.
Er hat von Schnee ein Röcklein an;
Zwei Schuh von Eis
Sind nicht zu heiß;
Von rauem Reif eine Mütze
Macht auch nur wenig Hitze.

Er klagt: »Verarmt ist Feld und Flur!«
Den grünen Christbaum hat er nur;
Den trägt er aus
In jedes Haus,
In Hütten und Königshallen:
Den schönsten Strauß von allen!

Hans Christian Andersen

Der Tannenbaum

Draußen im Walde stand ein niedlicher, kleiner Tannenbaum; er hatte einen guten Platz, Sonne konnte er bekommen, Luft war genug da, und ringsumher wuchsen viel größere Kameraden, sowohl Tannen als Fichten. Aber dem kleinen Tannenbaum schien nichts so wichtig als das Wachsen; er achtete nicht der warmen Sonne und der frischen Luft, er kümmerte sich nicht um die Bauerkinder, die da gingen und plauderten, wenn sie herausgekommen waren, um Erdbeeren und Himbeeren zu sammeln. Oft kamen sie mit einem ganzen Topf voll oder hatten Erdbeeren auf einen Strohhalm gezogen, dann setzten sie sich neben den kleinen Tannenbaum und sagten: »Wie niedlich klein ist der!« Das mochte der Baum gar nicht hören.

Im folgenden Jahre war er ein langes Glied größer, und das Jahr darauf war er um noch eins länger, denn bei den Tannenbäumen kann man immer an den vielen Gliedern, die sie haben, sehen, wie viele Jahre sie gewachsen sind.

»Oh, wäre ich doch so ein großer Baum wie die andern!«, seufzte das kleine Bäumchen. »Dann könnte ich meine Zweige so weit umher ausbreiten und mit der Krone in die weite Welt hinausblicken! Die Vögel würden dann Nester zwischen meinen Zweigen bauen, und wenn der Wind weht, könnte ich so vornehm nicken, gerade wie die andern dort!«

Er hatte gar keine Freude am Sonnenschein, an den Vögeln und den roten Wolken, die morgens und abends über ihn hinsegelten.

War es nun Winter und der Schnee lag ringsumher funkelnd weiß, so kam häufig ein Hase angesprungen und setzte gerade über den kleinen Baum weg. Oh, das war ärgerlich! Aber zwei Winter vergingen und im dritten war das Bäumchen so groß, dass der Hase um dasselbe herumlaufen musste. »Oh, wachsen, wachsen, groß und alt werden, das ist doch das einzige Schöne in dieser Welt!«, dachte der Baum.

Im Herbst kamen immer Holzhauer und fällten einige der größten Bäume; das geschah jedes Jahr und dem jungen Tannenbaum, der nun ganz gut gewachsen war, schauderte dabei; denn die großen, prächtigen Bäume fielen mit Knacken und Krachen zur Erde, die Zweige wurden abgehauen, die Bäume sahen ganz nackt, lang und schmal aus; sie waren fast nicht zu erkennen. Aber dann wurden sie auf Wagen gelegt und Pferde zogen sie davon, aus dem Walde hinaus.

Wohin sollten sie? Was stand ihnen bevor?

Im Frühjahr, als die Schwalben und Störche kamen, fragte sie der Baum: »Wisst ihr nicht, wohin sie geführt wurden? Seid ihr ihnen begegnet?«

Die Schwalben wussten nichts, aber der Storch sah nachdenkend aus, nickte mit dem Kopfe und sagte: »Ja, ich glaube wohl; mir begegneten viele neue Schiffe, als ich aus Ägypten flog; auf den Schiffen waren prächtige Mastbäume; ich darf annehmen, dass sie es waren, sie hatten Tannengeruch; ich kann vielmals grüßen, sie prangen, sie prangen!«

»Oh, wäre ich doch auch groß genug, um über das Meer hinfahren zu können! Was ist das eigentlich, dieses Meer, und wie sieht es aus?«

»Ja, das ist weitläufig zu erklären!«, sagte der Storch und damit ging er.

»Freue dich deiner Jugend!«, sagten die Sonnenstrahlen; »freue dich deines frischen Wachstums, des jungen Lebens, das in dir ist!«

Und der Wind küsste den Baum, und der Tau weinte Tränen über denselben, aber das verstand der Tannenbaum nicht.

Wenn es gegen die Weihnachtszeit war, wurden ganz junge Bäume gefällt, Bäume, die oft nicht einmal so groß oder gleichen Alters mit diesem Tannenbaume waren, der weder Rast noch Ruhe hatte, sondern immer davonwollte; diese jungen Bäume und es waren gerade die allerschönsten, behielten immer alle ihre Zweige; sie wurden auf Wagen gelegt und Pferde zogen sie von dannen zum Walde hinaus.

»Wohin sollen diese?«, fragte der Tannenbaum. »Sie sind nicht größer als ich, einer ist sogar viel kleiner; weswegen behalten sie alle ihre Zweige? Wohin fahren sie?«

»Das wissen wir! Das wissen wir!«, zwitscherten die Sperlinge. »Unten in der Stadt haben wir in die Fenster gesehen! Wir wissen, wohin sie fahren! Oh, sie gelangen zur größten Pracht und Herrlichkeit, die man sich denken kann! Wir haben in die Fenster gesehen und erblickt, dass sie mitten in der warmen Stube aufgepflanzt und mit den schönsten Sachen, vergoldeten Äpfeln, Honigkuchen, Spielzeug und vielen hundert Lichtern geschmückt werden.«

»Und dann?«, fragte der Tannenbaum und bebte in allen Zweigen. »Und dann? Was geschieht dann?«

»Ja, mehr haben wir nicht gesehen! Das war unvergleichlich schön!«

»Ob ich wohl bestimmt bin, diesen strahlenden Weg zu betreten?«, jubelte der Tannenbaum. »Das ist noch besser, als über das Meer zu ziehen! Wie leide ich an Sehnsucht! Wäre es doch Weihnachten! Nun bin ich hoch und entfaltet wie die andern, die im vorigen Jahre davongeführt wurden! Oh, wäre ich erst auf dem Wagen, wäre ich doch in der warmen Stube mit all der Pracht und Herrlichkeit! Und dann? Ja, dann kommt noch etwas Besseres, noch Schöneres, warum würden sie mich sonst so schmücken? Es muss noch etwas Größeres, Herrlicheres kommen! Aber was? Oh, ich leide, ich sehne mich, ich weiß selbst nicht, wie es mir ist!«

»Freue dich unser!«, sagten die Luft und das Sonnenlicht; »freue dich deiner frischen Jugend im Freien!«

Aber er freute sich durchaus nicht; er wuchs und wuchs, Winter und Sommer stand er grün; dunkelgrün stand er da, die Leute, die ihn sahen, sagten: »Das ist ein schöner Baum!«, und zur Weihnachtszeit wurde er von allen zuerst gefällt. Die Axt hieb tief durch das Mark; der Baum fiel mit einem Seufzer zu Boden, er fühlte einen Schmerz, eine Ohnmacht, er konnte gar nicht an irgendein Glück denken, er war betrübt, von der Heimat scheiden zu müssen, von dem Flecke, auf dem er emporgeschossen war; er wusste ja, dass er die lieben, alten Kameraden, die kleinen Büsche und Blumen ringsumher nie mehr sehen werde, ja vielleicht nicht einmal die Vögel. Die Abreise hatte durchaus nichts Behagliches.

Der Baum kam erst wieder zu sich selbst, als er im Hofe, mit andern Bäumen abgeladen, einen Mann sagen hörte: »Dieser hier ist prächtig! Wir brauchen nur diesen!«

Nun kamen zwei Diener im vollen Staat und trugen den Tannenbaum in einen großen, schönen Saal. Ringsherum an den Wänden hingen Bilder und bei dem großen Kachelofen standen große chinesische Vasen mit Löwen auf den Deckeln; da waren Wiegestühle, seidene Sofas, große Tische voll von Bilderbüchern und Spielzeug für hundertmal hundert Taler; wenigstens sagten das die Kinder. Der Tannenbaum wurde in ein großes, mit Sand gefülltes Fass gestellt, aber niemand konnte sehen, dass es ein Fass war, denn es wurde rund herum mit grünem Zeug behängt und stand auf einem großen, bunten Teppich. Oh, wie der Baum bebte! Was wird da doch vorgehen? Sowohl die Diener als die Fräulein schmückten ihn. An einen Zweig hängten sie kleine Netze, aus farbigem Papier ausgeschnitten, jedes Netz war mit Zuckerwerk gefüllt; vergoldete Äpfel und Walnüsse hingen herab, als wären sie festgewachsen, und über hundert rote, blaue und weiße kleine Lichter wurden in den Zweigen festgesteckt. Puppen, die leibhaft wie die Menschen aussahen – der Baum hatte früher nie solche gesehen –?, schwebten im Grünen, und hoch oben in der Spitze wurde ein Stern von Flittergold befestigt. Das war prächtig, ganz außerordentlich prächtig!

»Heute Abend«, sagten alle, »heute Abend wird es strahlen!«

»Oh«, dachte der Baum, »wäre es doch Abend! Würden nur die Lichter bald angezündet! Und was dann wohl geschieht? Ob da wohl Bäume aus dem Walde kommen, mich zu sehen? Ob die Sperlinge gegen die Fensterscheiben fliegen? Ob ich hier festwachse und Winter und Sommer geschmückt stehen werde?«

Ja, er wusste gut Bescheid; aber er hatte ordentlich Borkenschmerzen vor lauter Sehnsucht, und Borkenschmerzen sind für einen Baum ebenso schlimm wie Kopfschmerzen für uns andere.

Nun wurden die Lichter angezündet. Welcher Glanz, welche Pracht! Der Baum bebte in allen Zweigen dabei, sodass eins der Lichter das Grüne anbrannte; es sengte ordentlich.

»Gott bewahre uns!«, schrien die Fräulein und löschten es hastig aus.

Nun durfte der Baum nicht einmal beben. Oh, das war ein Grauen! Ihm war bange, etwas von seinem Staate zu verlieren; er war ganz betäubt von all dem Glanze. Da gingen beide Flügeltüren auf, und eine Menge Kinder stürzten herein, als wollten sie den ganzen Baum umwerfen, die älteren Leute kamen bedächtig nach; die Kleinen standen ganz stumm, aber nur einen Augenblick, dann jubelten sie wieder, dass es laut schallte, sie tanzten um den Baum herum, und ein Geschenk nach dem andern wurde abgepflückt.

»Was machen sie?«, dachte der Baum. »Was soll geschehen?« Die Lichter brannten gerade bis auf die Zweige herunter, und je nachdem sie niederbrannten, wurden sie ausgelöscht, und dann erhielten die Kinder die Erlaubnis, den Baum zu plündern. Oh, sie stürzten auf denselben ein, dass es in allen Zweigen knackte; wäre er nicht mit der Spitze und mit dem Goldsterne an der Decke festgemacht gewesen, so wäre er umgestürzt.

Die Kinder tanzten mit ihrem prächtigen Spielzeug herum, niemand sah nach dem Baume, ausgenommen das alte Kindermädchen, welches kam und zwischen die Zweige blickte; aber es geschah nur, um zu sehen, ob nicht noch eine Feige oder ein Apfel vergessen sei.

»Eine Geschichte, eine Geschichte!«, riefen die Kinder und zogen einen kleinen, dicken Mann gegen den Baum hin, und er setzte sich gerade unter denselben, »denn so sind wir im Grünen«, sagte er, »und der Baum kann besonders Nutzen davon haben zuzuhören! Aber ich erzähle nur eine Geschichte. Wollt ihr die von Ivede-Avede oder die von

Klumpe-Dumpe hören, der die Treppen hinunterfiel und doch erhöht wurde und die Prinzessin erhielt?«

»Ivede-Avede!«, schrien einige, »Klumpe-Dumpe!«, schrien andere. Das war ein Rufen und Schreien! Nur der Tannenbaum schwieg ganz still und dachte: »Komme ich gar nicht mit, werde ich nichts dabei zu tun haben?« Er war ja mit gewesen, hatte ja geleistet, was er sollte.

Der Mann erzählte von Klumpe-Dumpe, welcher die Treppen hinunterfiel und doch erhöht wurde und die Prinzessin erhielt. Und die Kinder klatschten in die Hände und riefen: »Erzähle, erzähle!« Sie wollten auch die Geschichte von Ivede-Avede hören, aber sie bekamen nur die von Klumpe-Dumpe. Der Tannenbaum stand ganz stumm und gedankenvoll, nie hatten die Vögel im Walde dergleichen erzählt. »Klumpe-Dumpe fiel die Treppen hinunter und bekam doch die Prinzessin! Ja, ja, so geht es in der Welt zu!«, dachte der Tannenbaum und glaubte, dass es wahr sei, weil es ein so netter Mann war, der es erzählte. »Ja, ja! Vielleicht falle ich auch die Treppe hinunter und bekomme eine Prinzessin!« Und er freute sich, den nächsten Tag wieder mit Lichtern und Spielzeug, Gold und Früchten aufgeputzt zu werden.

»Morgen werde ich nicht zittern!«, dachte er. »Ich will mich recht aller meiner Herrlichkeit freuen.

Morgen werde ich wieder die Geschichte von Klumpe-Dumpe und vielleicht auch die von Ivede-Avede hören.« Und der Baum stand die ganze Nacht still und gedankenvoll.

Am Morgen kamen die Diener und das Mädchen herein.

»Nun beginnt der Staat aufs Neue!«, dachte der Baum; aber sie schleppten ihn zum Zimmer hinaus, die Treppe hinauf, auf den Boden und stellten ihn in einen dunkeln Winkel, wohin kein Tageslicht schien. »Was soll das bedeuten?«, dachte der Baum. »Was soll ich hier wohl machen? Was mag ich hier wohl hören sollen?« Er lehnte sich gegen die Mauer und dachte und dachte. Und er hatte Zeit genug, denn es vergingen Tage und Nächte; niemand kam herauf, und als endlich jemand kam, so geschah es, um einige große Kasten in den Winkel zu stellen; der Baum stand ganz versteckt, man musste glauben, dass er ganz vergessen war.

»Nun ist es Winter draußen!«, dachte der Baum. »Die Erde ist hart und mit Schnee bedeckt, die Menschen können mich nicht pflanzen; deshalb soll ich wohl bis zum Frühjahr hier im Schutz stehen! Wie wohl bedacht ist das! Wie die Menschen doch so gut sind! Wäre es hier nur nicht so dunkel und schrecklich einsam! Nicht einmal ein kleiner Hase! Das war doch niedlich da draußen im Walde, wenn der Schnee lag und der Hase vorbeisprang, ja selbst als er über mich hinwegsprang; aber damals mochte ich es nicht leiden. Hier oben ist es doch schrecklich einsam!«

»Pip, pip!«, sagte da eine kleine Maus und huschte hervor; und dann kam noch eine kleine. Sie beschnüffelten den Tannenbaum und dann schlüpften sie zwischen dessen Zweige.

»Es ist eine gräuliche Kälte!«, sagten die kleinen Mäuse. »Sonst ist hier gut sein; nicht wahr, du alter Tannenbaum?«

»Ich bin gar nicht alt!«, sagte der Tannenbaum; »es gibt viele, die weit älter sind denn ich!«

»Woher kommst du«, fragten die Mäuse, »und was weißt du?« Sie waren gewaltig neugierig. »Erzähle uns doch von den schönsten Orten auf Erden! Bist du dort gewesen? Bist du in der Speisekammer gewesen, wo Käse auf den Brettern liegen und Schinken unter der Decke hängen, wo man auf Talglicht tanzt, mager hineingeht und fett herauskommt?«

»Das kenne ich nicht«, sagte der Baum; »aber den Wald kenne ich, wo die Sonne scheint und die Vögel singen!« Und dann erzählte er alles aus seiner Jugend, die kleinen Mäuse hatten früher nie dergleichen gehört, und sie horchten auf und sagten: »Wie viel du gesehen hast! Wie glücklich du gewesen bist!«

»Ich?«, sagte der Tannenbaum und dachte über das, was er selbst erzählte, nach. »Ja, es waren im Grunde ganz fröhliche Zeiten!« Aber dann erzählte er vom Weihnachtsabend, wo er mit Kuchen und Lichtern geschmückt war.

»Oh«, sagten die kleinen Mäuse, »wie glücklich du gewesen bist, du alter Tannenbaum!«

»Ich bin gar nicht alt!«, sagte der Baum; »erst in diesem Winter bin ich vom Walde gekommen! Ich bin in meinem allerbesten Alter, ich bin nur so aufgeschossen.«

»Wie schön du erzählst!«, sagten die kleinen Mäuse, und in der nächsten Nacht kamen sie mit vier anderen kleinen Mäusen, die den Baum erzählen hören sollten, und je mehr er erzählte, desto deutlicher erinnerte er sich selbst an alles und dachte: »Es waren doch ganz fröhliche Zeiten! Aber sie können wiederkommen, können wiederkommen! Klumpe-Dumpe fiel die Treppe hinunter und erhielt doch die Prinzessin; vielleicht kann ich auch eine Prinzessin bekommen.« Und dann dachte der Tannenbaum an eine kleine niedliche Birke, die draußen im Walde wuchs; das war für den Tannenbaum eine wirkliche schöne Prinzessin.

»Wer ist Klumpe-Dumpe?«, fragten die kleinen Mäuse. Da erzählte der Tannenbaum das ganze Märchen, er konnte sich jedes einzelnen Wortes entsinnen; die kleinen Mäuse waren aus reiner Freude bereit, bis an die Spitze des Baumes zu springen. In der folgenden Nacht kamen weit mehr Mäuse und am Sonntage sogar zwei Ratten, aber die meinten, die Geschichte sei nicht hübsch, und das betrübte die kleinen Mäuse, denn nun hielten sie auch weniger davon.

»Wissen Sie nur die eine Geschichte?«, fragten die Ratten.

»Nur die eine«, antwortete der Baum; »die hörte ich an meinem glücklichsten Abend, aber damals dachte ich nicht daran, wie glücklich ich war.«

»Das ist eine höchst jämmerliche Geschichte! Kennen Sie keine von Speck und Talglicht? Keine Speisekammergeschichte?«

»Nein!«, sagte der Baum.

»Ja, dann danken wir dafür!«, erwiderten die Ratten und gingen zu den ihrigen zurück.

Die kleinen Mäuse blieben zuletzt auch weg, und da seufzte der Baum: »Es war doch ganz hübsch, als sie um mich herumsaßen, die beweglichen kleinen Mäuse, und zuhörten, wie ich erzählte! Nun ist auch das vorbei! Aber ich werde daran denken, mich zu freuen, wenn ich wieder hervorgenommen werde.«

Aber wann geschah das? Ja, es war eines Morgens, da kamen Leute und wirtschafteten auf dem Boden;

die Kasten wurden weggesetzt, der Baum wurde hervorgezogen; sie warfen ihn freilich ziemlich hart gegen den Fußboden, aber ein Diener schleppte ihn gleich nach der Treppe hin, wo der Tag leuchtete.

»Nun beginnt das Leben wieder!«, dachte der Baum; er fühlte die frische Luft, die ersten Sonnenstrahlen, und nun war er draußen im Hofe. Alles ging geschwind, der Baum vergaß völlig, sich selbst zu betrachten, da war so vieles ringsumher zu sehen. Der Hof stieß an einen Garten, und alles blühte darin; die Rosen hingen frisch und duftend über das kleine Gitter hinaus, die Lindenbäume blühten, und die Schwalben flogen umher und sagten: »Quirrevirrevit, mein Mann ist kommen!« Aber es war nicht der Tannenbaum, den sie meinten.

»Nun werde ich leben!«, jubelte dieser und breitete seine Zweige weit aus; aber ach, die waren alle vertrocknet und gelb; und er lag da zwischen Unkraut und Nesseln. Der Stern von Goldpapier saß noch oben in der Spitze und glänzte im hellen Sonnenschein.

Im Hofe selbst spielten ein paar der munteren Kinder, die zur Weihnachtszeit den Baum umtanzt hatten und so froh über denselben gewesen waren. Eins der kleinsten lief hin und riss den Goldstern ab.

»Sieh, was da noch an dem hässlichen, alten Tannenbaum sitzt!«, sagte es und trat auf die Zweige, sodass sie unter seinen Stiefeln knackten.

Der Baum sah auf all die Blumenpracht und Frische im Garten, er betrachtete sich selbst und wünschte, dass er in seinem dunkeln Winkel auf dem Boden geblieben wäre; er gedachte seiner frischen Jugend im Walde, des lustigen Weihnachtsabends und der kleinen Mäuse, die so munter die Geschichte von Klumpe-Dumpe angehört hatten.

»Vorbei, vorbei!«, sagte der arme Baum. »Hätte ich mich doch gefreut, als ich es noch konnte! Vorbei, vorbei!«

Der Diener kam und hieb den Baum in kleine Stücke, ein ganzes Bund lag da; hell flackerte es auf unter dem großen Braukessel. Der Baum seufzte tief, und jeder Seufzer war einem kleinen Schusse gleich; deshalb liefen die Kinder, die da spielten, herbei und setzten sich vor das Feuer, blickten in dasselbe hinein und riefen: »Piff, paff!« Aber bei jedem Knalle, der ein tiefer Seufzer war, dachte der Baum an einen Sommerabend im Walde oder an eine Winternacht da draußen, wenn die Sterne funkelten; er dachte an den Weihnachtsabend und an Klumpe-Dumpe, das einzige Märchen, welches er gehört hatte und zu erzählen wusste – und dann war der Baum verbrannt.

Die Knaben spielten im Garten und der kleinste

hatte den Goldstern auf der Brust, den der Baum an seinem glücklichsten Abend getragen; nun war der vorbei, und mit dem Baum war es auch vorbei und mit der Geschichte auch; vorbei, vorbei, und so geht es mit allen Geschichten!

Victor Blüthgen

Zu Weihnachten

Das ist der liebe Weihnachtsbaum.
Ja solch ein Baum!
Der grünt bei Schnee, der glänzt bei Nacht
wie die himmlische Pracht,
trägt alle Jahre seine Last,
Äpfel und Nüsse am selben Ast,
Zuckerwerk obendrein –
so müssten alle Bäume sein!
Nun hat ihn gebracht der Weihnachtsmann,
drei Kinder steh'n und seh'n ihn an.

Das erste spricht:
»Der ist doch Weihnacht das Schönste, nicht?«
Das andre: »Woher an Äpfeln und Nüssen
Gold und Silber wohl kommen müssen?
Ich denk mir, das Christkind fasste sie an,
gleich war Gold oder Silber dran.«
Das dritte: »Christkind müsste einmal
den ganzen Wald so putzen im Tal;
dann würde gleich aller Schnee zergeh'n,
und dann – das gäb ein Spazierengeh'n!«

Hugo Salus

Christabend

Christabend war's. Ich träumte durch die Gassen,
vom Weihnachtsglanz mein Herz durchglüh'n zu
lassen.
Mein Herz war fromm, als ob durch jede Flocke
das Bluten einer wunden Seele stocke.

»Frieden auf Erden und den Menschen allen
Glückseligkeit und stilles Wohlgefallen!«
Da, wie ich ging, zerstörte meine Träume
ein Haufen unverkaufter Weihnachtsbäume.

Sie lagen auf dem Pflaster da, vergessen
und schneebedeckt, als wär ihr Grün vermessen,
als schämten sie sich ihrer hellen Farben,
die doch so gern, um heut zu leuchten, starben.

Gleich einer Gauklerschar, im Wald erfroren,
die tief im Schnee den Weg ins Dorf verloren,
so lagen sie und sah'n aus ihrem Dunkel
rings in den Fenstern strahlendes Gefunkel.

Sie lagen da wie unerfülltes Sehnen,
erträumter Schimmer, ausgelöscht durch Tränen,
wie Leid, das wirr um die Erlösung betet,
wie Kinderjauchzen, das der Hunger tötet.

Sie lagen da, verschüchtert und verbittert,
vom Frost des Elends bis in Mark durchzittert,
den Glanz verfluchend, gleich Millionen Seelen,
in denen heut die Friedenslichter fehlen.

Daniel Glattauer

Typologie der Christbaumkäufer

Ohne Weihnachten gäbe es keinen Christbaum, und umgekehrt so gut wie ebenfalls. Nach eigenen Angaben waren es die Deutschen, die mit dem Baumspektakel begonnen haben. Weltweit widerspricht bis heute niemand, man gönnt ihnen also die Urheberschaft dieser auf den ersten Blick etwas schrägen Idee: Irgendwann muss ein gläubiger Germane eine Tanne gesehen und die Inspiration gehabt haben, diese zu schmücken, um der Geburt Jesu zu gedenken. Stellen Sie sich vor, es wäre ein Buschwindrosen- oder Hagebuttenstrauch gewesen – das Weihnachtsfest wäre heute nebst familiärer Psychobelastungsprobe auch noch ein Gemetzel.

Jedenfalls muss der erste Nadelbaumdekorateur ein begnadeter Marketingstratege gewesen sein, denn große Teile der christlichen Gemeinschaft kamen spätestens im 19. Jahrhundert auf den Geschmack, es ihm gleichzutun.

Aus Witterungsgründen wurde das Zeremoniell

bald ins Innere verlegt, die Wurzeln blieben im Wald, die Weihnachtsbaumständer-Industrie blühte. Die geholzten Nadelbäume selbst werden noch heute auf Tausenden Plätzen öffentlich feilgeboten - und gekauft. Allein in Deutschland gibt man für jährlich 30 Millionen Weihnachtsbäume mehr als 600 Millionen Euro aus.

Der Christbaumkauf ist eine der wenigen verbliebenen maskulinen Domänen, die mit Aufwand ohne Anerkennung und ohne Aufstiegschancen verbunden sind. Schon deprimierend, dass jeweils am Ende des Jahres für Männer noch dieser harte Brocken »Hausarbeit« anfällt, als hätte man in den elf Monaten davor nicht schon genügend Mistsäcke in die Mülltonnen geworfen, nicht genügend Grillkohle zur Glut gebracht und schadhafte Glühbirnen ausgewechselt. Aber egal. Die Beschaffung eines Weihnachtsbaumes lässt mitunter mentale Kräfte frei werden und Leidenschaften entflammen, die seit der Kindheit im Verborgenen geschlummert haben. So ähnlich Männer einander sind, wenn sie in ihren Fahrzeugen sitzen, so unterschiedlich präsentieren sie sich auf den Weihnachtsbaumstandplätzen. Folgende Christbaumkäufertypen können mit freiem Auge erkannt und beobachtet werden:

Der Baummuffel

Er ist ein pathologischer Stadtmensch und leidet unter jeder Art von Vegetation, nicht nur beim Essen. Für ihn gehören Bäume in den Wald und Wälder ins Schwarze Meer. Die Vorweihnachtszeit überlebt er am Punschstand. Christbaumstände machen ihn, je nach Wirkung des Punsches, depressiv oder aggressiv, denn ihm ist gewiss: Auch er wird einen Baum aufstellen müssen, sonst wird es seine Frau tun, und das wäre kein Beitrag für den Weltfrieden.

Der Baumminimalist

Tätig werdender Baummuffel. Er nutzt seinen lichtesten Moment im Advent, fährt mit dem Auto zum nächstgelegenen Verkaufsstand und verlangt, ohne sich umzusehen, nach einem Baum. Zur Präzision gezwungen, ringt er sich die Erläuterung »Nadelbaum« ab. Seine Kriterien: Das Ding darf nahezu nichts kosten, es muss ihm wenigstens bis zum Nabel reichen, und wenn man es schief anschaut, darf es nicht alle Nadeln gleichzeitig verlieren. Nach dem Kauf schultert der Baumminimalist das zugeschnürte Geäst und versenkt es im Kofferraum. Den Rest-Advent verbringt er mit Trübsinn und Schaudern vor dem Jüngsten Tag, an dem sich der Kofferraum öffnen und die Knochenarbeit beginnen wird.

Der Baumschwärmer

Vorsicht, liebe Christbaumverkäufer! Dieser Mann braucht viel Zeit und Zuwendung. Er arbeitet hier bei Ihnen frühkindliche Traumata auf. Sie erkennen ihn am glasig verklärten Blick, mit dem er über Stämme, Äste, Zweige und Wipfel streicht. Er ist ein Suchender. Menschen für dauerhafte Beziehungen hat er bereits genügend gesichtet, erduldet oder überdauert. Was ihm fehlt, ist der Weihnachtsbaum, der mit ihm durchs Leben geht, dessen Glanz im Kerzenlicht nie verblasst. Jahr für Jahr probiert er es mit einer neuen Tanne oder Fichte, die ihm ewige Treue signalisiert. Und doch weiß er es bereits: Auch sie wird ihn spätestens im Februar verlassen.

Der Baumbeäuger

Auch dieser häufig vertretene Typ betreibt regen Aufwand bei der Suche. Geht es dem Baumschwärmer um die inneren Werte, so ist der Baumbeäuger ausschließlich an Äußerlichkeiten interessiert. Die einen bevorzugen die langen Dünnen, die leptosomen Tannen und Fichten. Andere zieht es zu den kleinen Bummeligen, den pyknisch Veranlagten. Am beliebtesten sind die kräftigen, gutgebauten, athletischen Bäume mit gestählten Stämmen und breiten Ästen. Manche lieben den Baumbewuchs dicht, buschig und dunkel, andere dünn, schütter und licht. Für beinahe alle Beäuger genießt die Symmetrie des Baumes oberste Priorität. Unverzeihlich sind krumme Stämme, zu kurz geratene Äste und – ähnlich dem Dilemma in der Literatur – kein eindeutiges Ende.

Der Baumingenieur

Für ihn ist der Christbaum saisonales Mobiliar und die Auswahl reine Vermessungssache. Er betritt den Verkaufsstand stets gut ausgerüstet, mit Fotoapparat, Wohnungsplänen, Maßband und Wasserwaage. Leider ist der Fall äußerst kompliziert: Sollte die Spitze des obersten Baumzweiges weniger als 2,35 Meter vom diametral entgegengesetzten untersten Ast-Ende entfernt sein, dann darf der sich daraus ergebende Winkel zum Stamm bei einer zu erwartenden Baumhöhe von 2,12 Meter 67 Grad nicht überschreiten, sonst müsste man die Stehlampe von der Urgroßmutter um 30 Zentimeter kürzen, was bei Stehlampen gar nicht so einfach ist. Sie meinen, man könnte die Stehlampe auch woandershin stellen, um für den Baum Platz zu schaffen? Nein! Sie stand immer dort, und sie war eindeutig zuerst da, wie schon die Urgroßmutter. Und wenn nicht bald ein passender, maßgeschneiderter Christbaum gefunden ist, dann wird zu Weihnachten eben erstmals die Stehlampe aufgeputzt. Das spart Nerven. Und Kerzen.

Der Baumseelsorger

Niemals würde er riskieren, seinem Sitznachbarn in der U-Bahn zu nahe zu treten. Freunde und Verwandte lässt er zwar reden, doch nur im Stillschweigeabkommen, dass er nicht zuhören muss. Aber bei seinem Christbaum kennt er keine Berührungsängste. Innerhalb weniger Minuten weiß er alles über ihn: Woher seine Wurzeln kommen, welcher Gegend er entstammt, wie weitschichtig er verzweigt ist, in welchen Verhältnissen er aufgewachsen ist, wie rau das Klima in den ersten drei Lebensjahren war, ob er auch sonnige Seiten erleben durfte, wie sehr die Vollmondnächte auf sein Gemüt gedrückt haben, wie hart man ihn angepackt hat, welche Schäden er davongetragen hat, wie es ihn überhaupt hierher verschlagen hat, ob er gar Opfer von Schlepperbanden geworden ist. Zumindest für ein paar Tage, dafür bürgt der Seelsorger, soll der Baum in wirklich gute Hände geraten und die Schatten seiner Vergangenheit hinter sich lassen.

Der Baumabenteurer

Dieser Typ ist latent gesetzlos, aber dank Weihnachten wurde er nie straffällig: Seine kriminelle Energie lädt sich über elfeinhalb Monate kontinuierlich auf und erschöpft sich schließlich in einem einmaligen Kraftakt, einer listigen vorweihnachtlichen Nacht-und-Nebel-Aktion. Wie bemitleidenswert erscheinen ihm all diese weichen, rückgratlosen Familienväter, die durch die Reihen geschlichteter Baumleichen auf Asphalt promenieren und ihre scheinheiligen Geschäfte abwickeln, um die Finger nicht schmutzig zu machen. Unser Mann ist von einem anderen Schlag. Er holt seinen Baum aus dem Wald, und koste es ihn sämtliche Zähne (seiner Säge). Daheim zeigt er den Kindern die Spuren des Kampfes, seine Verletzungen und Schwielen an den Händen und die Nadeleinstiche im Gesicht. Sollte er kinderlos sein, zeigt er sie seiner Frau. Sollte er weder Frau noch Kinder haben, lässt er sich von der Mama verarzten.

Der Baumretter

Sein Ehrgeiz ist es, in der letzten Sekunde vor dem Fest die letzte Gelegenheit zu nutzen, am letzten noch geöffneten Verkaufsstand den letzten aller übrig gebliebenen Bäume zu erwerben – und zwar gratis, weil er der letzte Interessent ist, der diesem letzten Baum noch eine letzte Chance gibt, nicht schon vor dem Heiligen Abend unbenutzt, ungeschmückt, ungepriesen, unbeleuchtet und unbesungen im Baummüllcontainer zu verenden.

David Riedel-Hoffmann

Im Sommer 2007 hat er einem Tannenzapfen ein Samenkorn entnommen und dieses in einem riesigen Keramiktopf eingesetzt. Vor ebendiesem findet seit drei Jahren am Heiligen Abend die Bescherung statt. Ein Jahr wartet er noch, dann ist Tochter Nina vier. Dann wird sie sowohl den Glauben als auch den Gefallen an Papas einzigartigem unterirdischen Christbaum verloren haben.

Arno Holz

Weihnachten

Und wieder nun lässt aus dem Dunkeln
die Weihnacht ihre Sterne funkeln!
Die Engel im Himmel hört man sich küssen,
und die ganze Welt riecht nach Pfeffernüssen …

So heimlich war es die letzten Wochen,
die Häuser nach Mehl und Honig rochen,
die Dächer lagen dick verschneit,
und fern, noch fern schien die schöne Zeit.
Man dachte an sie kaum dann und wann.
Mutter teigte die Kuchen an,
und Vater, dem mehr der Lehnstuhl taugte,
saß daneben und las und rauchte.
Da, plötzlich, eh man sichs versah,
mit einmal war sie wieder da.

Mitten im Zimmer steht nun der Baum!

Man reibt sich die Augen und glaubt es kaum …
Die Ketten schaukeln, die Lichter wehn,

Herrgott, was gibts da nicht alles zu sehn!
Die kleinen Kügelchen und hier
die niedlichen Krönchen aus Goldpapier!
Und an all den grünen, glitzernden Schnürchen
all die unzähligen, kleinen Figürchen:
Mohren, Schlittschuhläufer und Schwälbchen,
Elefanten und kleine Kälbchen,
Schornsteinfeger und trommelnde Hasen,
dicke Kerle mit roten Nasen,
reiche Hunde und arme Schlucker
und alles, alles aus purem Zucker!

Ein alter Herr mit weißen Bäffchen
Hängt grade unter einem Äffchen.
Und hier gar schält sich aus seinem Ei
ein kleiner, geflügelter Nackedei.
Und oben, oben erst in der Krone!
Da hängt eine wirkliche, gelbe Kanone
und ein Husarenleutnant mit silbernen Tressen –
ich glaube wahrhaftig, man kann ihn essen!

In den offenen Mäulerchen ihre Finger,
stehn um den Tisch die kleinen Dinger,
und um die Wette mit den Kerzen
puppern vor Freuden ihre Herzen.
Ihre großen, blauen Augen leuchten,
indes die unsern sich leise feuchten.

Wir sind ja leider schon längst »erwachsen«,
uns dreht sich die Welt um andre Achsen
und zwar zumeist um unser Bureau.
Ach, nicht wie früher mehr macht uns froh
aus Zinkblech eine Eisenbahn,
ein kleines Schweinchen aus Marzipan.
Eine Blechtrompete gefiel uns einst sehr,
der Reichstag interessiert uns heut mehr;
auch sind wir verliebt in die Regeldetri
und spielen natürlich auch Lotterie.
Uns quälen tausend Siebensachen.
Mit einem Wort, um es kurz zu machen,
wir sind große, verständige, vernünftige Leute!

Nur eben heute nicht, heute, heute!

Über uns kommt es wie ein Traum,
ist nicht die Welt heut ein einziger Baum,
an dem Millionen Kerzen schaukeln?
Alte Erinnerungen gaukeln
aus fernen Zeiten an uns vorüber,
und jede klagt: Hinüber, hinüber!
Und ein altes Lied fällt uns wieder ein:
O selig, o selig, ein Kind noch zu sein!

Christine Nöstlinger

Schlichte Fichte

Die Einstellung der Menschen zum Christbaum ist keine einheitliche. Abgesehen von denen, die gar keinen Christbaum mögen, divergieren auch die Ansichten der zum Christbaum positiv eingestellten Leute ganz gewaltig. Meistens stammt die Idealvorstellung »Christbaum« aus Kindertagen. Entweder will man so einen, wie man ihn als Kind hatte, weil man mit ihm zufrieden war, oder man hat seine Kinderchristbäume als »Feindbild« und will einen ganz anderen.

Schwierig wird es, wenn zwei Leute mit verschiedenen Christbaumidealen zu einem Kompromiss kommen müssen. Er sagt: »Fichte schlicht! Nicht höher als einen Meter!« Sie sagt: »Silbertanne doppelt, bis zur Zimmerdecke!« Er sagt: »Weiße Kerzen, Engelshaar und sonst nichts!« Sie sagt: »Ketten, Lametta, Sternspucker, Glaskugeln, Zuckerln und überhaupt alles, was man aufhängen kann!« Da Weihnachten Männer milde stimmt und Frauen von Natur aus hartnäckiger sind, ist anzunehmen, dass Sie ihren Willen durchsetzt und eine große Silbertanne erstanden wird. Auch ist anzunehmen, dass der Heimweg friedlich verläuft, weil Er zu Weihnachten ohne Murren im nahen Supermarkt eine billige Dachgalerie ersteht, um das grüne Monstrum verkehrssicher nach Hause zu transportieren, wobei Sie ihn tröstet: »Eine Dachgalerie kann man immer gebrauchen!«

Aber zu Hause, das weiß ich aus Erfahrung, wird es schlimm. Im Freien nämlich wirken Bäume viel kleiner als im Wohnzimmer, man kann sich da leicht verschätzen. Und Sie hat jetzt wirklich keine Zeit, dem Baum die unteren neunzig Zentimeter abzusägen. Und wie ein dicker Stamm in ein kleines Kreuz zu zwängen ist, ist ja nun wirklich Männersache.

Letztlich könnte es aber sein, dass Er und Sie doch noch zu einem artigen Kompromiss kommen, weil Sie vergessen hat, wo sie nach dem sommerlichen Großreinemachen die Schachteln mit dem Christbaumschmuck hingetan hat. Also sitzen dann Er und Sie des Abends vor dem schönen grünen Kompromiss. Der Baum ist so groß, wie Sie wollte, und so »kahl«, wie Er wünschte, und Er und Sie können wieder lieb zueinander sein.

Ludwig Thoma

Weihnachten

Christabend.
Knirschender Schnee,
Eisige Blumen
An allen Fenstern.
Wie sitzt es sich wohlig
Im warmen Zimmer
Hinter der dampfenden
Punschterrine,
Lachende Augen um mich herum.
Fröhliche Worte
Und frohe Herzen.
Ei, Kinder, wie ist das behaglich!
Da wird einem warm,
Ruft Erinnerung wach
An die helle, freundliche Jugendzeit.
Und weißt du es noch?
Und wie 's damals war
In dem alten, traulichen Försterhaus?
Das will ich erzählen.
In der Winternacht,

Die Berge wie riesige Zuckerhüte,
Mit Demanten bestreut,
Und alle die Tannen
Mit Reif bedeckt,
Ein Glitzern und Flimmern
Um Strauch und Baum,
Als hätten die Englein,
Den Herrn zu ehren,
Viel tausend Lichter
Rings aufgesetzt.
Und die Sterne funkeln
So mild und hell.
Drinnen im Haus
Die kleine Schar
Erwartungsfreudig, voll Ungeduld.
Da führt uns die Mutter
Zum Fenster hinan.
In banger Scheu
Blicken die glänzenden Kinderaugen
In das Glitzern und Flimmern,
In die schweigende Nacht.
Und horcht!
Ein Singen und Klingen
Geht durch die Luft,
Christkindlein kommt,
Christkindlein zieht durch den Wald.
Wie klopfen die Herzen!

Wie glühen die Wangen!
Schon ist es da,
Öffnet die Tür,
Und im hellen Schein
Strahlet wieder der Weihnachtsbaum!
Jubelnde Stimmen,
Glückliche Kinder.
Wisst Ihr es noch?
Wisst Ihr, wie 's damals war?
Stille wird es im Kreise,
Und in jedem erwacht
Mächtig Erinnerung
An die helle,
An die sonnige Jugendzeit.
Alle schweigen. Nur eine spricht,
Nur ein älteres Fräulein spricht.
Seufzend sagt sie, wer so erzählt,
Hat doch eigentlich ein Gemüt,
Und er sollte, sobald es geht,
Sich verheiraten.

August Zarnack und Ernst Anschütz

O Tannenbaum

O Tannenbaum, o Tannenbaum,
Wie treu sind deine Blätter!
Du grünst nicht nur zur Sommerzeit,
Nein, auch im Winter, wenn es schneit.
O Tannenbaum, o Tannenbaum,
Wie treu sind deine Blätter!

O Tannenbaum, o Tannenbaum,
Du kannst mir sehr gefallen!
Wie oft hat nicht zur Weihnachtszeit
Ein Baum von dir mich hocherfreut!
O Tannenbaum, o Tannenbaum,
Du kannst mir sehr gefallen!

O Tannenbaum, o Tannenbaum,
Dein Kleid will mich was lehren:
Die Hoffnung und Beständigkeit
Gibt Trost und Kraft zu jeder Zeit.
O Tannenbaum, o Tannenbaum,
Dein Kleid will mich was lehren.

Wilhelm Curtmann

Das Christbäumchen

Die Bäume hatten einmal einen Streit untereinander, welcher von ihnen der vornehmste sei. Da trat die Eiche hervor und sagte: »Seht mich an, ich bin doch hoch und dick und habe viele Äste, und meine Zweige sind reich an Blättern und an Früchten.«

»Früchte hast du wohl«, sagte der Pfirsichbaum, »aber es sind nur Früchte für die Schweine. Die Menschen mögen nichts davon wissen. Aber ich, ich liefere die rotbackigen Pfirsiche auf die Tafeln des Königs.«

»Das hilft nicht viel«, sagte der Apfelbaum; »von deinen Pfirsichen werden nur wenige Leute satt; auch dauern sie nur wenige Wochen, dann werden sie faul, und niemand kann sie mehr brauchen. Da bin ich ein anderer Baum! Ich trage alle Jahre Körbe voll Äpfel; die brauchen sich nicht zu schämen, wenn sie auf eine vornehme Tafel gesetzt werden. Aber sie machen auch die Armen satt. Den ganzen Winter kann man sie im Keller aufbewahren oder sie im Ofen dörren oder kann Wein davon keltern. Ich bin der nützlichste Baum.«

»Was bildest du dir ein?«, sprach daraufhin die Tanne. »Du irrst dich gewaltig. Sieh mich an! Mit meinem Holze heizt man die Öfen und baut die Häuser; mich schneidet man zu Brettern und macht Tische, Stühle, Schränke, ja sogar Nachen und Schiffe daraus. Dazu bin ich im Winter nicht so kahl wie ihr; ich bin das ganze Jahr hindurch grün und schön.«

»Das nämliche bin ich auch«, triumphierte die Fichte, »und ich habe noch einen besonderen Vorzug. Wenn es Weihnachten wird, dann kommt das goldene Christkindchen, setzt mich in ein schönes Gärtchen und hängt goldene Nüsse und Äpfel, Mandeln und Rosinen an meine Zweige. Und über mich freuen sich die Kinder am allermeisten. Ist das nicht wahr?«

Jakob Loewenberg

An der Straßenecke

An der Straßenecke, in der Häuser Gedränge,
in der Großstadt wogender Menschenmenge,
inmitten von Wagen, Karren, Karossen
ist heimlich ein Märchenwald entsprossen,
von leisem Glockenklingen durchhallt:
von Weihnachtsbäumen ein Tannenwald.

Da hält ein Wagen, ein Diener steigt aus
und nimmt den größten Baum mit nach Haus.
Ein Mütterchen kommt, und prüft und wägt,
bis endlich den rechten sie heimwärts trägt.
Verloren zur Seite ein Stämmchen stand,
das fasste des Werkmanns ruhige Hand.
So sah ich einen Baum nach den andern
in Schloss und Haus und Hütte wandern,
und schimmernd zog mit jedem Baum
ein duftiger, glänzender Märchentraum. –

Frohschaukelnd auf der Zweige Spitzen
schneeweißgeflügelte Englein sitzen.

Die einen spielen auf Zinken und Flöten,
die andern blasen die kleinen Trompeten,
die wiegen Puppen, die tragen Konfekt,
die haben Bleisoldaten versteckt,
die schieben Puppentheaterkulissen,
die werfen sich mit goldenen Nüssen,
und ganz zuhöchst, in der Hand einen Kringel,
steht triumphierend ein pausbackiger Schlingel.

Da tönt ein Singen, ein Weihnachtsreigen –
verschwunden sind alle zwischen den Zweigen.
Am Tannenbaum hängt, was in Händen sie trugen.
Ein Jubelschrei schallt; und von unten lugen
mit Äuglein, hell wie Weihnachtslichter,
glückselig lachende Kindergesichter.

Heinrich Pröhle

Das kleine Tannenbäumchen

Das Weihnachtsfest war nahe herangekommen, und aus dem Wald gingen viele Tannen in die Hauptstadt des Landes bei dem schlechten Weg, immer durch dick und dünn. Wenn jemand sie fragte: »Wo wollt ihr Tannen denn hin?«, so antworteten sie: »Wir wollen in die Stadt und den Herrn Christ loben.«

Ein ganz kleines Tannenbäumchen, das im Walde neben seiner Mutter stand, lief immer hinter seiner Mutter her, als diese sich auch nach der Hauptstadt aufmachte, und folgte ihr immer nach, wie ein Füllen der Stute oder ein junges Rehkalb der Hindin.

Als die Tannen des Abends im Dunkeln in der Hauptstadt angekommen waren, lagerten sie sich alle unter die Fenster des alten steinernen Schlosses, das sie von einer Seite her vor Wind und Wetter schützen sollte, und es war schön anzusehen, wie die vielen grünen Tannen da beieinanderlagen. Das kleine Tannenbäumchen aber, das sich neben seine Mutter gelegt hatte, fror gar sehr. Da kam der Wind und legte den Saum seines schneeweißen Mantels erst zu den Füßen der Tannen hin und breitete ihn dann ganz über sie aus. Den andern Morgen aber kam ein Sonnenblick und deckte den schneeweißen Mantel wieder ab. Da rieb sich das kleine Tannenbäumchen vergnügt die Augen und sah verwundert die große, schöne Stadt.

Aber bald wurde seine Freude getrübt, denn es kam ein Herr, der hieß sein Mütterlein mitgehen in sein Haus, das kleine Tannenbäumchen aber musste zurückbleiben, denn es war zum Weihnachtsbaum noch viel zu jung und zu klein.

Als nun der Weihnachtsmorgen kam, da ging das kleine Tannenbäumchen ganz einsam in den nassen Straßen der Hauptstadt umher und weinte. Da sah es aber sein Mütterlein in einem großen, schönen Saale stehen. Es hatte viele Lichter in der Hand, die glänzten ganz herrlich, und das Mütterlein war anzusehen wie ein schöner Engel.

Da freute sich das kleine Tannenbäumchen sehr und ging getrost weiter.

Es stand aber in einem Haus eine kleine Puppe am Fenster, wie es eben Tag wurde. Die winkte dem kleinen Tannenbäumchen, dass es zu ihr heraufkäme, und fragte: »Wie heißt du, kleine Tanne?« – »Ich heiße Waldgrüne«, antwortete das Tannenbäumchen. »Und wie heißt du?« – »Ich heiße Kindchen-küss-mich«, antwortete die Puppe. Da wurden die Puppe und das Tannenbäumchen gute Freunde und blieben lange, lange Zeit beisammen.

Die kleine Tanne aber wuchs sehr schnell heran, da sagte Kindchen-küss-mich endlich zu ihr: »Du bist so ein langaufgeschossenes Ding geworden, dass ich mich schäme, noch mit dir über die Straße zu gehen; auch ist dir dein Röckchen aus grünen Zweigen viel zu kurz, es reicht dir ja noch lange nicht einmal bis ans Knie, so sehr hast du es verwachsen! Mir wäre das zwar einerlei, aber den Menschen fällt es doch sehr auf. Deswegen wäre das Beste, du gingest wieder zurück in den Wald.«

Da ging die Tanne wieder in den Wald. Dort aber war ihr Röcklein nicht zu kurz, sondern es war große Freude bei den andern Tannen, dass Waldgrüne wieder zugegen war.

Johann Wolfgang Goethe

Weihnachten

Bäume leuchtend, Bäume blendend,
Überall das Süße spendend.
In dem Glanze sich bewegend,
Alt und junges Herz erregend –
Solch ein Fest ist uns bescheret.
Mancher Gaben Schmuck verehret;

Staunend schaun wir auf und nieder,
Hin und Her und immer wieder.
Aber, Fürst, wenn dir's begegnet
Und ein Abend so dich segnet,
Daß als Lichter, daß als Flammen
Von dir glänzten all zusammen
Alles, was du ausgerichtet,
Alle, die sich dir verpflichtet:
Mit erhöhten Geistesblicken
Fühltest herrliches Entzücken.

Paula Dehmel

Weihnachten in der Speisekammer

Unter der Türschwelle war ein kleines Loch. Dahinter saß die Maus Kiek und wartete.

Sie wartete, bis der Hausherr die Stiefel aus- und die Uhr aufgezogen hatte; sie wartete, bis die Mutter ihr Schlüsselkörbchen auf den Nachttisch gestellt und die schlafenden Kinder noch einmal zugedeckt hatte, sie wartete auch noch, als alles dunkel war und tiefe Stille im Hause herrschte. Dann ging sie.

Bald wurde es in der Speisekammer lebendig. Kiek hatte die ganze Mäusefamilie benachrichtigt. Da kam Miek die Mäusemutter mit den fünf Kleinen, und Onkel Grisegrau und Tante Fellchen stellten sich auch ein.

»Frauchen, hier ist etwas Weiches, Süßes«, sagte Kiek leise vom obersten Brett herunter zu Miek, »das ist etwas für die Kinder«, und er teilte von den Mohnpielen aus. »Komm hierher, Grisegrau«, piepste Fellchen, und guckte hinter der Mehltonne vor, »hier gibt's Gänsebraten, vorzüglich, sag ich dir, die reine Hafermast; wie Nuss knuspert sich's.«

Grisegrau aber saß in der neuen Kiste in der Ecke, knabberte am Pfefferkuchen und ließ sich nicht stören. Die Mäusekinder balgten sich im Sandkasten und kriegten Mohnpielen. »Papa«, sagte das größte, »meine Zähne sind schon scharf genug, ich möchte lieber knabbern, knabbern hört sich so hübsch an.« »Ja, ja, wir wollen auch lieber knabbern«, sagten alle Mäusekinder, »Mohnpielen sind uns zu matschig«, und bald hörte man sie am Gänsebraten und am Pfefferkuchen. »Verderbt euch nicht den Magen«, rief Fellchen, die Angst hatte, selber nicht genug zu kriegen, »an einem verdorbenen Magen kann man sterben.« Die kleinen Mäuse sahen ihre Tante erschrocken an; sterben wollten sie ganz und gar nicht, das musste schrecklich sein. Vater Kiek beruhigte sie und erzählte ihnen von Gottlieb und Lenchen, die drinnen in ihren Betten lägen und ein hölzernes Pferdchen und eine Puppe im Arm hätten; und dass in der großen Stube ein mächtiger Baum stände mit Lichtern und buntem Flimmerstaat, und dass es in der ganzen Wohnung herrlich nach frischem Kuchen röche, der aber im Glasschrank stände, und an den man nicht heran könnte. »Ach«, sagte Fellchen, »erzähle nicht so viel, lass die Kinder lieber essen.« Die aber lachten die Tante mit dem dicken Bauch aus und wollten noch viel mehr wissen, mehr, als der gute Kiek selbst wusste. Zuletzt bestanden sie darauf, auch einen Weihnachtsbaum zu haben, und die zärtlichen Mäuseeltern liefen wirklich in die Küche und zerrten einen Ast herbei, der von dem großen Tannenbaum abgeschnitten war. Das gab einen Hauptspaß. Die Mäusekinder quiekten vor Entzücken und fingen an, an dem grünen Tannenholz zu knabbern; das schmeckte aber abscheulich nach Terpentin, und sie ließen es sein und kletterten lieber in dem Ast umher. Schließlich machten sie die ganze Speisekammer zu ihrem Spielplatz. Sie huschten hierhin und dorthin, machten Männchen, lugten neugierig über die Bretter in alle Winkel hinein, und spielten Versteck hinter den Gemüsebüchsen und Einmachtöpfen; was sollten sie auch mit dem dummen Weihnachtsbaum, an dem es nichts zu essen gab! Als aber das kleinste ins Pflaumenmus gefallen war und von Mama Miek und Onkel Grisegrau abgeleckt werden musste, wurde ihnen das Umhertollen untersagt, und sie mussten wieder artig am Pfefferkuchen knabbern.

Am andern Morgen fand die alte Köchin kopfschüttelnd den Tannenast in der Speisekammer und viele Krümel und noch etwas, was nicht gerade in die Speisekammer gehört, ihr werdet euch schon denken können, was! Als Gottlieb und Lenchen in die Küche kamen, um der alten Marie guten Morgen zu wünschen, zeigte sie ihnen die Bescherung und meinte: »Die haben auch tüchtig Weihnachten gefeiert.« Die Kinder aber tuschelten und lachten und holten einen Blumentopf. Sie pflanzten den Ast hinein und bekränzten ihn mit Zuckerwerk, aufgeknackten Nüssen, Honigkuchen und Speckstückchen. Die alte Marie brummte; da aber die Mutter lachend zuguckte, musste sie schon klein beigeben. Sie stellte alles andere sicher und ließ den kleinen Naschtieren nur ihren Weihnachtsbaum.

Die Kinder aber jubelten, als sie am zweiten Feiertage den Mäusebaum geplündert vorfanden und hätten gar zu gern auch ein Dankeschön von dem kleinen Volke gehört.

Das aber lag unter der Diele und verdaute. »Den guten Speck vergess ich mein Lebtag nicht«, sagte Fellchen, und Grisegrau biss eine mitgebrachte Haselnuss entzwei; Kiek und Miek aber waren besorgt um ihre Kleinen, die hatten zu viel Pfefferkuchen gegessen, und ihr wisst, liebe Kinder, das tut nicht gut!

Joachim Ringelnatz

Der Weihnachtsbaum

Es ist eine Kälte, daß Gott erbarm!
Klagte die alte Linde,
Bog sich knarrend im Winde
Und klopfte leise mit knorrigem Arm
Im Flockentreiben
An die Fensterscheiben.
Es ist eine Kälte! Daß Gott erbarm!
Drinnen im Zimmer war's warm.
Da tanzte der Feuerschein so nett
Auf dem weißen Kachelofen Ballett.
Zwei Bratäpfel in der Röhre belauschten,
Wie die glühenden Kohlen
Behaglich verstohlen
Kobold- und Geistergeschichten tauschten.
Dicht am Fenster im kleinen Raum
Da stand, behangen mit süßem Konfekt,
Vergoldeten Nüssen und mit Lichtern besteckt,
Der Weihnachtsbaum.
Und sie brannten alle, die vielen Lichter,
Aber noch heller strahlten am Tisch

(Es läßt sich wohl denken
Bei den vielen Geschenken)
Drei blühende, glühende Kindergesichter. –
Das war ein Geflimmer
Im Kerzenschimmer!
Es lag ein so lieblicher Duft in der Luft
Nach Nadelwald, Äpfeln und heißem Wachs.
Tatti, der dicke Dachs,
Schlief auf dem Sofa und stöhnte behaglich.
Er träumte lebhaft, wovon, war fraglich,
Aber ganz sicher war es indessen,
Er hatte sich schon (die Uhr war erst zehn)
Doch man mußte's gestehn,
Es war ja zu sehn,
Er hatte sich furchtbar überfressen. –
Im Schaukelstuhl lehnte der Herzenspapa
Auf dem nagelneuen Kissen und sah
Über ein Buch hinweg auf die liebe Mama,
Auf die Kinderfreude und auf den Baum.
Schade, nur schade,
Er bemerkte es kaum,
Wie schnurgerade
Die Bleisoldaten auf dem Baukasten standen
Und wie schnell die Pfefferkuchen verschwanden.
– Und die liebste Mama? – Sie saß am Klavier.
Es war so schön, was sie spielte und sang,
Ein Weihnachtslied, das zu Herzen drang.

Lautlos horchten die andern Vier.
Der Kuckuck trat vor aus der Schwarzwälderuhr,
Als ob auch ihm die Weise gefiel. – –
Leise, ergreifend verhallte das Spiel.
Das Eis an den Fensterscheiben taute,
Und der Tannenbaum schaute
Durchs Fenster die Linde
Da draußen, kahl und beschneit
Mit ihrer geborstenen Rinde.
Da dachte er an verflossene Zeit
Und an eine andere Linde,
Die am Waldesrand einst neben ihm stand,
Sie hatten in guten und schlechten Tagen
Einander immer so lieb gehabt.
Dann wurde die Tanne abgeschlagen,
Zusammengebunden und fortgetragen.
Die Linde, die Freundin, die ließ man stehn.
Auf Wiedersehn! Auf Wiedersehn!
So hatte sie damals gewinkt noch zuletzt. –
Ja daran dachte der Weihnachtsbaum jetzt,
Und keiner sah es, wie traurig dann
Ein Tröpfchen Harz, eine stille Träne,
Aus seinem Stamme zu Boden rann.

Franz Hessel

Baumschmuck

Vögel, die nicht singen,
Glöckchen, die nicht klingen,
Früchte, die nicht munden sollen,
Ketten, die nicht binden wollen,
gläserner Engel, pappener Stern,
zum Greifen nah und doch sofern.

Zittervögel

Sind wir Tauben? Sind wir Möwen? Leicht wohnen wir zu dritt auf einem Zweig. Wir nisten nicht, haben kein Nest. Wir sind auf Klammern montiert. Silbern glänzen unsre Flügel und unsre Schwänze sind aus fein gesponnenem Glas. Wir sind klein. Man sieht uns kaum. Nur wenn die Flamme der nächsten Kerze sich bewegt, schimmern wir auf, schimmern und zittern.

Eine ängstliche alte Jungfer hat Seele in unsre nickenden Köpfe und wippenden Federn geblasen. Hatte sie Furcht vor Einbrechern oder vor dem

Liebsten, der noch immer nicht gekommen war? Hat sie uns Angst und Flucht verfolgter Mädchen aus märchenalter Zeit eingehaucht? Nun sind wir zu Glas erstarrt und sicher. Aber wir zittern noch. Wir zittern, also leben wir.

Goldfrüchte

Der Schein unserer gläsernen Schale fällt auf die leibhaften, saftigen Früchte in unserer Nähe. Davon werden auch sie gläsern und unnahbar, werden Äpfel der Hesperiden, unerreichbare Gebilde am Wunderbaum. Und erst wenn wir zum Jahresschlaf in unsere Wattebetten getan sind, erst wenn die Festtage ganz vorbei, kommen die Kinder und plündern die Essfrüchte vom Baum. Wer früher zugreift, blinzelt schuldig in unsern Glanz. (...)

Engelhaar

Wenn unsere Ilse die blassblonde Strähne da oben unterm Sterne sieht, denkt sie: Als ich sechzehn war, hatte ich Haar bis an die Hüfte. Ich weiß noch die Stellen, an denen ichs fühlte, wenns offen war. Nachts lags in zwei frommen Zöpfen über meine Schultern herab. Als es abgeschnitten war, hat die Mutter es mit einem rosa Bändchen gebunden und verwahrt, ich weiß nicht wo. Man sollte es in den Baum hängen als Weihgabe, da bleibt es engelhaft, bittet und büßt für mich, und ich habe einen Wunsch frei.

Heiliger Dreikönig

Ich bin von einer alten Weihnachtskrippe der Restbestand. Wohin sind Hirten und Könige meiner Zeit? Unterm Baum steht jetzt eine neue Krippe. Eine Freundin des Hauses, die Künstlerin ist, hat die himmlischen und irdischen Puppen modelliert. Sie sind ansehnlicher, als wir es waren. Mich in meinem roten Mantel hat man auf einen vereinzelten Zweig gesetzt. Ich Gekrönter knie in Nadeln, die Hände aneinandergelegt. Und niemand weiß, wohin ich bete.

Trompete blasender Engel

Auch ich bin einzeln, aber ich schwebe. Meine Schmetterlingsflügel sind aus beweglichem Metall und gelb wie meine Trompete. Meine Lockenfrisur ist hochfein ausgeführt. Seiden ist mein Schurzrock. Sonst bin ich nackt. Ich blase Begleitung zu dem Lied, das drüben die drei kunstvoll versilberten Mitengel singen, die auf Wölkchen aus Streuglas schweben. Wir musizieren eifrig ein dürftigeres Hosiannah, das »Susanni, Susanni« lautet.

Pampeln

So heißen wir: Pampeln. Wir haben Gestalt und Pracht der flimmernden Schwungkeulen, die in den Händen von Jongleuren wie Fackeln schwingen. Wir möchten auch wie die im Varieté sausen und kreisen, Gaukler unserer Lieben Frau. Aber nur unsre Farben dürfen hier tanzen.

Pappschiffchen mit Watterauch

Ich bin am Baum das älteste Stück, aus Großmutters Zeiten her. Die ganz Kleinen haben mich gern, aber sie fassen mich nicht an. Darum halt ich so lange. Die Größeren wollen nicht viel von mir wissen. Sie werden mich wohl nächste Weihnachten durch ein Luftschiffchen oder ein kleines Torpedo ersetzen.

Reflexkugel

Rundum bin ich wie Reif und Eis, doch meine Mulde strömt heißes Licht. Allein es kann kein Strahl in mir verweilen. Vielfach schick ich ihn zurück in

Kreisen und Spiralen. Zuinnerst hab ich einen Wasserspiegel. Mein Bild in deinem Auge ist wirklicher als ich.

Lametta

Wir sind im Winterbaum die Sommerfäden, fliegendes Jungfrauengarn, hangen geblieben in immergrünen Nadeln. Fass uns nicht an, sonst sind wir nur aus plattgedrücktem Draht gemacht. Gespinste wir der kleinsten Spinnen, vom Herbstwind forgetragner heidnischer Altweibersommer, werden am Christbaum Marienfaden. Mit all dem nachbarlichen Knittersilber, Flittergold und Glimmerschnee schweben wir an dem Baume Wurzellos. Wir sind von paradiesischem Stoff und »aus solchem Zeug wie das zu Träumen«.

Friedrich Wilhelm Güll

Vor dem Christbaum

Da guck einmal, was gestern Nacht
Christkindlein alles mir gebracht:
ein Räppchen,
ein Wägelein;
ein Käppchen
und ein Krägelein;
ein Tütchen
und ein Rütchen;
ein Büchlein
voller Sprüchlein;
das Tütchen, wenn ich fleißig lern,
ein Rütchen, tät ich es nicht gern,
und nun erst gar den Weihnachtsbaum,
ein schönrer steht im Walde kaum.
Ja, schau nur her und schau nur hin
und schau, wie ich so glücklich bin!

Manfred Kyber

Der kleine Tannenbaum

Es war einmal ein kleiner Tannenbaum im tiefen Tannenwalde, der wollte so gerne ein Weihnachtsbaum sein. Aber das ist gar nicht so leicht, als man das meistens in der Tannengesellschaft annimmt, denn der heilige Nikolaus ist in der Beziehung sehr streng und erlaubt nur den Tannen als Weihnachtsbaum in Dorf und Stadt zu spazieren, die dafür ganz ordnungsmäßig in seinem Buch aufgeschrieben sind. Das Buch ist ganz schrecklich groß und dick, so wie sich das für einen guten alten Heiligen geziemt, und damit geht er im Walde herum in den klaren kalten Winternächten und sagt es allen den Tannen, die zum Weihnachtsfeste bestimmt sind. Und dann erschauern die Tannen, die zur Weihnacht erwählt sind, vor Freude und neigen sich dankend, und dazu leuchtet des Heiligen Heiligenschein, und das ist sehr schön und sehr feierlich.

Und der kleine Tannenbaum im tiefen Tannenwalde, der wollte so gerne ein Weihnachtsbaum sein.

Aber manches Jahr schon ist der heilige Nikolaus

in den klaren kalten Winternächten an dem kleinen Tannenbaum vorbeigegangen und hat wohl ernst und geschäftig in sein erschrecklich großes Buch geguckt, aber auch nichts und gar nichts dazu gesagt. Der arme kleine Tannenbaum war eben nicht ordnungsmäßig vermerkt – und da ist er sehr, sehr traurig geworden und hat ganz schrecklich geweint, sodass es ordentlich tropfte von allen Zweigen.

Wenn jemand so weint, dass es tropft, so hört man das natürlich, und diesmal hörte das ein kleiner Wicht, der ein grünes Moosröcklein trug, einen grauen Bart und eine feuerrote Nase hatte und in einem dunklen Erdloch wohnte. Das Männchen aß Haselnüsse, am liebsten hohle, und las Bücher, am liebsten dicke, und war ein ganz boshaftes kleines Geschöpf. Aber den Tannenbaum mochte es gerne leiden, weil es oft von ihm ein paar grüne Nadeln geschenkt bekam für sein gläsernes Pfeifchen, aus dem es immer blaue ringelnde Rauchwolken in die goldene Sonne blies – und darum ist der Wicht auch gleich herausgekommen, als er den Tannenbaum so jämmerlich weinen hörte, und hat gefragt: »Warum weinst du denn so erschrecklich, dass es tropft?«

Da hörte der kleine Tannenbaum etwas auf zu tropfen und erzählte dem Männchen sein Herzeleid. Der Wicht wurde ganz ernst, und seine glühende Nase glühte so sehr, dass man befürchten konnte, das Moosröcklein finge Feuer, aber es war ja nur die Begeisterung, und das ist nicht gefährlich. Der Wichtelmann war also begeistert davon, dass der kleine Tannenbaum im tiefen Tannenwalde so gerne ein Weihnachtsbaum sein wollte, und sagte bedächtig, indem er sich aufrichtete und ein paar Mal bedeutsam schluckte:

»Mein lieber kleiner Tannenbaum, es ist zwar unmöglich, dir zu helfen, aber ich bin eben ich, und mir ist es vielleicht doch nicht unmöglich, dir zu helfen. Ich bin nämlich mit einigen Wachslichtern, darunter mit einem ganz bunten, befreundet, und die will ich bitten, zu dir zu kommen. Auch kenne ich ein großes Pfefferkuchenherz, das allerdings nur flüchtig – aber jedenfalls will ich sehen, was sich machen lässt. Vor allem aber weine nicht mehr so erschrecklich, dass es tropft.«

Damit nahm der kleine Wicht einen Eiszapfen in die Hand als Spazierstock und wanderte los durch den tiefen weißverschneiten Wald, der fernen Stadt zu.

Es dauerte sehr, sehr lange, und am Himmel schauten schon die ersten Sterne der heiligen Nacht durchs winterliche Dämmergrau auf die Erde hinab, und der kleine Tannenbaum war schon wieder ganz traurig geworden und dachte, dass er nun doch wieder kein Weihnachtsbaum sein würde. Aber da kam's auch schon ganz eilig und aufgeregt durch den Schnee gestapft, eine ganze kleine Gesellschaft: der Wicht mit dem Eiszapfen in der Hand und hinter ihm sieben Lichtlein – und auch eine Zündholzschachtel war dabei, auf der sogar was draufgedruckt war und die so kurze Beinchen hatte, dass sie nur mühsam durch den Schnee wackeln konnte.

Wie sie nun alle vor dem kleinen Tannenbaum standen, da räusperte sich der kleine Wicht im Moosröcklein vernehmlich, schluckte ein paar Mal gar bedeutsam und sagte:

»Ich bin eben ich – und darum sind auch alle meine Bekannten mitgekommen. Es sind sieben Lichtlein aus allervornehmstem Wachs, darunter sogar ein buntes, und auch die Zündholzschachtel ist aus einer ganz besonders guten Familie, denn sie zündet nur an der braunen Reibfläche. Und jetzt wirst du also ein Weihnachtsbaum werden. Was aber das große Pfefferkuchenherz betrifft, das ich nur flüchtig kenne, so hat es auch versprochen zu kommen, es wollte sich nur noch ein Paar warme Filzschuhe kaufen, weil es gar so kalt ist draußen im Walde. Eine Bedingung hat es freilich gemacht: Es muss gegessen werden, denn das müssen alle Pfefferkuchenherzen, das ist nun mal so. Ich habe schon einen Dachs benachrichtigt, den ich sehr gut kenne und dem ich einmal in einer Familienangelegenheit einen guten Rat gegeben habe. Er liegt jetzt im Winterschlaf, doch versprach er, als ich ihn weckte, das Pfefferkuchenherz zu speisen. Hoffentlich verschläft er's nicht!«

Als das Männchen das alles gesagt hatte, räusperte es sich wieder vernehmlich und schluckte ein paar Mal gar bedeutsam, und dann verschwand es im Erdloch. Die Lichtlein aber sprangen auf den kleinen Tannenbaum hinauf, und die Zündholzschachtel, die aus so guter Familie war, zog sich ein Zündholz nach dem anderen aus dem Magen, strich es an der braunen Reibfläche und steckte alle die Lichtlein der Reihe nach an. Und wie die Lichtlein brannten und leuchteten im tiefverschneiten Walde, da ist auch noch keuchend und atemlos vom eiligen Laufen das Pfefferkuchenherz angekommen und hängte sich sehr freundlich und verbindlich mitten in den grünen Tannenbaum, trotzdem es nun doch die warmen Filzschuhe unterwegs verloren hatte und arg erkältet war. Der kleine Tannenbaum aber, der so gerne ein Weihnachtsbaum sein wollte, der wusste gar nicht, wie ihm geschah, dass er nun doch ein Weihnachtsbaum war.

Am anderen Morgen aber ist der Dachs aus seiner Höhle gekrochen, um sich das Pfefferkuchenherz zu holen. Und wie er ankam, da hatten es die kleinen Englein schon gegessen, die ja in der heiligen Nacht auf die Erde dürfen und die so gerne die Pfefferkuchenherzen speisen. Da ist der Dachs sehr böse geworden und hat sich bitter beklagt und ganz furchtbar auf den kleinen Tannenbaum geschimpft.

Dem aber war das ganz einerlei, denn wer einmal in seinem Leben seine heilige Weihnacht gefeiert hat, den stört auch der frechste Frechdachs nicht mehr.

Joachim Ringelnatz

Einsiedlers Heiliger Abend

Ich hab' in den Weihnachtstagen –
Ich weiß auch, warum –
Mir selbst einen Christbaum geschlagen,
Der ist ganz verkrüppelt und krumm.

Ich bohrte ein Loch in die Diele
Und steckte ihn da hinein
Und stellte rings um ihn viele
Flaschen Burgunderwein.

Und zierte, um Baumschmuck und Lichter
Zu sparen, ihn abends noch spät
Mit Löffeln, Gabeln und Trichter
Und anderem blanken Gerät.

Ich kochte zur heiligen Stunde
Mir Erbsensuppe mit Speck
Und gab meinem fröhlichen Hunde
Gulasch und litt seinen Dreck.

Und sang aus burgundernder Kehle
Das Pfannenflickerlied.
Und pries mit bewundernder Seele
Alles das, was ich mied.

Es glimmte petroleumbetrunken
Später der Lampendocht.
Ich saß in Gedanken versunken.
Da hat's an die Tür gepocht,

Und pochte wieder und wieder.
Es konnte das Christkind sein.
Und klang's nicht wie Weihnachtslieder?
Ich aber rief nicht: »Herein!«

Ich zog mich aus und ging leise
Zu Bett, ohne Angst, ohne Spott,
Und dankte auf krumme Weise
Lallend dem lieben Gott.

Christian Morgenstern

Das Weihnachtsbäumlein

Es war einmal ein Tännelein,
mit braunen Kuchenherzlein
und Glitzergold und Äpflein fein
und vielen bunten Kerzlein:
Das war am Weihnachtsfest so grün,
als fing es eben an zu blühn.

Doch nach nicht gar zu langer Zeit,
da stand's im Garten unten,
und seine ganze Herrlichkeit
war, ach, dahingeschwunden.
Die grünen Nadeln war'n verdorrt,
die Herzlein und die Kerzlein fort.

Bis eines Tags der Gärtner kam,
den fror zu Haus im Dunkeln,
und es in seinen Ofen nahm –
hei! tat's da sprühn und funkeln!
Und flammte heim- und himmelwärts
in hundert Flämmlein an Gottes Herz.

Joachim Ringelnatz

Silvester

Wenn der Christbaumschmuck – so weit nicht
aufgefressen –
Speicherwärts sich drückt in die Vergessenheit,
dann – gänsehalsig – nadelnstreuend –
Fliegt die Tanne in die Küche
Und von da an geht, uns hoch erfreuend,
Auch das alte Jahr sanft in die Brüche.

Axel Hacke

Die Christbaumkugel

Nun haben wir August. Weihnachten ist schon eine Weile her. Auf der Kommode im Flur liegt immer noch eine riesige lilafarbene Christbaumkugel. Paola hatte sie zur Weihnachtszeit über dem Spiegel im Flur aufgehängt, das sah sehr schön aus und war ziemlich praktisch. Der Spiegel ist gleich gegenüber der Wohnungstür, und wenn man vor Weihnachten hereinkam, sah man als Erstes diese riesige Christbaumkugel und wusste sofort: Aha, jetzt ist also Weihnachtszeit. Nur, falls man es vergessen hatte.

Nach Weihnachten wurde die Kugel abgehängt und fürs Erste auf die Kommode gelegt, damit sie in den Keller gebracht werden konnte. Aber sie ist immer noch dort. Und es ist keine Weihnachtszeit, beim besten Willen nicht.

»Man müsste die Christbaumkugel in den Keller bringen«, sagt Paola ab und zu.

»Jemand könnte mal die Christbaumkugel hier weg tun, in den Keller vielleicht«, sage ich dann und wann.

Manchmal kommt es mir so vor, als ob in unserer Wohnung noch drei andere Personen lebten, außer Paola, Luis, mir und Bosch, meinem sehr alten Kühlschrank und Freund. Diese drei anderen Personen sind: Herr Man, Frau Jemand und Fräulein Einer. Um die Wahrheit über diese drei zu sagen: Sie sind stinkfaul. Sie beteiligen sich in keiner Weise am Gemeinschaftsleben. Sie tun überhaupt nichts.

Ich sage: »Man müsste mal die Blumen auf dem Balkon gießen.« Aber Man tut es nicht.

Paola sagt: »Jemand müsste mal deinen Tennisschläger beiseite räumen.« Aber Jemand ist nirgendwo in Sicht.

Ich sage: »Einer müsste unbedingt das Altglas wegbringen.« Aber das Altglas bleibt da, nichts zu sehen von Einer.

Der Fall der Christbaumkugel ist besonders schwierig. Es war, glaube ich, Anfang März, als Paola ihretwegen einen Wutanfall bekam. Sie schrie, diese Christbaumkugel müsse hier endlich weggeräumt werden, wenn sie nicht bald hier weggeräumt werde, dann werde sie das Ding aus dem Fenster werfen, sie könne es nicht mehr sehen.

Man beachte nun hier die Formel »muss hier endlich weggeräumt werden«. Es handelt sich um das sogenannte Partnerschafts-Passiv, eine in Beziehungen sehr alltägliche Art zu sprechen, wenn es um Dinge geht, die unbedingt getan werden müssen, die man selbst aber um keinen Preis der Welt tun möchte. Es gibt ja so gewisse Dinge, die man einfach überhaupt nicht gerne tut, bei jedem ist es etwas anderes: Ich persönlich hasse das Bohren von Löchern (zum Bilderaufhängen oder Regalbefestigen) wie nichts auf der Welt. Paola verachtet das Blumengießen, als wäre es der Abschaum unter den Tätigkeiten. Wenn nun Löcher gebohrt oder Blumen gegossen werden müssen, man selbst es aber einerseits nicht tun möchte, andererseits aber auch aus internen Gründen nicht direkt den Partner dazu auffordern will (»Kannst du nicht hier endlich mal ...?!«) - dann also verwendet man das Partnerschafts-Passiv. Es macht auf das Problem aufmerksam, provoziert nicht unbedingt Streit und lässt für die Lösung Spielräume, zum Beispiel die sanfte Antwort: »Wie wäre es, du würdest es tun ...?«

Mit der Christbaumkugel war es nun so, dass sich eines Tages mehrere Gegenstände angesammelt hatten, die in den Keller gebracht werden mussten, darunter eine Reisetasche. Ich packte ungefähr im April in einem Anfall von Entschlusskraft alles in die Reisetasche, trug sie in den Keller und stellte die Tasche dort ab, samt Kugel.

Ein paar Wochen später musste Paola über das Wochenende verreisen. Sie holte sich aus dem Keller die Reisetasche und bemerkte erst in der Wohnung, dass die Christbaumkugel noch drin war. »Die Reisetasche hätte im Keller ausgepackt werden müssen«, sagte Paola und legte die Christbaumkugel wieder auf die Kommode im Flur, wo sie sich, wie gesagt, immer noch befindet.

Wir haben ja nun schon August. Eigentlich lohnt es sich gar nicht mehr, die Kugel noch in den Keller zu bringen. Für die paar Monate. Weihnachten müsste sie ja doch nur wieder nach oben gebracht werden. Oder Jemand müsste sie holen. Oder Einer. Oder Man.

Nachweis

Hans Christian Andersen
Der Tannenbaum. Aus: Hans Christian Andersen, *Die schönsten Märchen.* Frankfurt am Main 2009.

Walter Benjamin
Ein Weihnachtsengel. Aus: Walter Benjamin, *Über Kindheit, Jugend und Erziehung.* Suhrkamp Verlag, Frankfurt am Main 1969.

Victor Blüthgen
Zu Weihnachten. Aus: *Weihnacht. Gedichte.* Bibliothek der Provinz, Weitra 2009.

Wilhelm Curtmann
Das Christbäumchen. Aus: *Fröhliche Weihnacht. Humorvolle Geschichten für die Weihnachtszeit.* St. Benno-Verlag, Leipzig 2008.

Paula Dehmel
Weihnachten in der Speisekammer. Aus: *Weihnacht im Lichterglanz der Stadt.* Ullstein, Frankfurt am Main/Berlin 1993.

Robert Gernhardt
Rätsel. Aus: Robert Gernhardt, *Gesammelte Gedichte.* 1954-2006. Copyright © 2008 by S. Fischer Verlag GmbH, Frankfurt am Main.

Daniel Glattauer
Typologie der Christbaumkäufer. Aus: Daniel Glattauer, *Der Karpfenstreit. Die schönsten Weihnachtskrisen.* Copyright © 2010 by Sanssouci im Carl Hanser Verlag, München.

Johann Wolfgang Goethe
Weihnachten. Aus: Johann Wolfgang Goethe, *Gedichte 1800–1832.* Herausgegeben von Karl Eibl. Deutscher Klassiker Verlag, Frankfurt am Main 1988.

Friedrich Wilhelm Güll
Vor dem Christbaum. Aus: *Weihnacht. Gedichte.* Bibliothek der Provinz, Weitra 2009.

Lars Gustafsson
Besuch des Weihnachtsbaums. Aus: Lars Gustafsson, *Das Feuer und die Töchter.* Aus dem Schwedischen von Barbara M. Karlson und Verena Reichel. Copyright © 2012 by Lars Gustafsson. Copyright der deutschen Ausgabe © 2014 by Carl Hanser Verlag, München.

Axel Hacke
Die Christbaumkugel. Aus: Axel Hacke, *Alle Jahre schon wieder. Ein Weihnachtsbuch.* Copyright © 2009 by Antje Kunstmann GmbH, München.

Franz Hessel
Auszug aus *Baumschmuck.* Aus: *Sämtliche Werke in fünf Bänden.* Herausgegeben von Hartmut Vollmer und Bernd Witte. Band 2: *Prosasammlungen.* Herausgegeben von Katrin Grund-Ferroud. Igel Verlag Literatur, Oldenburg 1999.

August Heinrich Hoffmann von Fallersleben
Der Weihnachtsbaum. Aus: August Heinrich Hoffmann von Fallersleben, *Ausgewählte Werke in vier Bänden.* Band 1. Max Hesses Verlag, Leipzig o. J.

Arno Holz
Weihnachten. Aus: Arno Holz, *Das Werk.* Verlag J. H. W. Dietz Nachfolger, 1924.

Manfred Kyber
Der kleine Tannenbaum. Aus: Manfred Kyber, *Gesammelte Märchen.* Hamburg 1949.

Hermann Löns
Der allererste Weihnachtsbaum. Aus: *Kleine Geschichten vom Tannenbaum.* Gesammelt und herausgegeben von Renate Jostmann. Engelhorn Verlag, Stuttgart 1989.

Jakob Loewenberg
An der Straßenecke. Aus: Jakob Loewenberg, *Neue Gedichte.* Deutsche Verlagsanstalt, Stuttgart o. J.

Christian Morgenstern
Das Weihnachtsbäumlein. Aus: Christian Morgenstern, *Klein Irmchen.* Berlin 1921.

Christine Nöstlinger
Schlichte Fichte. Aus: Christine Nöstlinger, *Best of Mama.* Copyright © 2001 by Residenz Verlag GmbH, Salzburg – Wien.

Heinrich Pröhle
Das kleine Tannenbäumchen. Aus: Heinrich Pröhle, *Kinder- und Hausmärchen.* Leipzig 1853.

Rainer Maria Rilke
Advent. Aus: Rainer Maria Rilke, *Sämtliche Werke.* Bd. 1. Herausgegeben vom Rilke-Archiv in Verbindung mit Ruth Sieber-Rilke, besorgt durch Ernst Zinn. Insel Verlag, Frankfurt am Main 1955.

Joachim Ringelnatz
Der Weihnachtsbaum, Einsiedlers Heiliger Abend und *Silvester* (Auszug). Aus: Joachim Ringelnatz, *Das Gesamtwerk in sieben Bänden.* Herausgegeben von Walter Pape. Diogenes Verlag AG, Zürich 1993.

Peter Rosegger
Der erste Christbaum in der Waldheimat (Titel vom Herausgeber). Aus: Peter Rosegger, *Waldheimat.* L. Staackmann Verlag, München.

Hugo Salus
Christabend. Aus: *Weihnacht. Gedichte.* Bibliothek der Provinz, Weitra 2009.

Heinrich Seidel
Der Weihnachtsbaum. Aus: *Die Lichter funkeln am Weihnachtsbaum. Gedichte.* Jan Thorbecke Verlag der Schwabenverlag AG, Ostfildern 2014.

Ludwig Thoma
Weihnachten. Aus: Ludwig Thoma, *Erinnerungen.* München, Piper Verlag.

Friedrich Wilhelm Weber
Christbaum. Aus: Friedrich Wilhelm Weber, *Gesammelte Gedichte in drei Bänden.* Ferdinand Schöningh, Paderborn 1922.

August Zarnack und Ernst Anschütz
O Tannenbaum. Aus: *Kleine Geschichten vom Tannenbaum.* Gesammelt und herausgegeben von Renate Jostmann. Engelhorn Verlag, Stuttgart 1989.